# Le meurtre du bon sens

Edition : JDH Editions
77600 Bussy-Saint-Georges. France
Imprimé par BoD – Books on Demand, Norderstedt, Allemagne

Illustration couverture : ©Gilles Nuytens

ISBN : 978-2-38127-052-4
Dépôt légal : juillet 2020

Gilles Nuytens

# Le meurtre du bon sens

JDH Éditions
*Drôles de pages*

# AVANT-PROPOS

Je le préviens d'entrée de jeu, je vais être extrêmement dur à l'égard de certains groupes de personnes, ils vont en prendre pour leur grade. La langue de bois et le politiquement correct n'ont jamais été ma tasse de thé. Les thés, je les aime corsés ! Mais je ne suis pas corse, je suis belge. Il y a encore quelques mois, j'aurais dit « et fier de l'être ». Aujourd'hui, j'ai honte de mon pays. Honte de ce monde. Honte d'être humain.

Ce livre est un témoignage et un recueil de pensées sur cette situation qui a plongé le monde dans une terreur irraisonnable et irrationnelle en ce milieu de mois de mars 2020. Il s'agit d'une vision immédiate « vue de l'intérieur » de cette situation, puisque l'hystérie est encore loin, très loin d'être terminée à l'heure où j'écris ces lignes. Je pense qu'il est important que les gens apportent ainsi leur témoignage pour montrer aux « décideurs » de tous bords que nous ne sommes pas tous des pantins qui obéissent au doigt et à l'œil à leurs injonctions plus abjectes, plus débilitantes et plus infantilisantes les unes que les autres. Je fais référence à toutes ces injonctions d'une absurdité sans nom auxquelles nous avons tous été confrontés depuis le début de cette folie. Nous ne sommes pas tous soumis à la politique de la peur et les responsables de tous ces abus de pouvoir devront un jour rendre des comptes. Ce n'est que mon témoignage, pour ce qu'il vaut, mais avant de venir m'insulter, lisez d'abord et réfléchissez à tout ce que ceci implique.

À la base, j'ai écrit le premier chapitre dans le but de canaliser ma colère face à cette situation innommable. Ce n'était qu'un billet d'humeur destiné à mettre des mots sur cette rage qui m'animait. Un billet que j'ai tenté, en vain, de soumettre aux principaux médias d'information, tant en Belgique qu'en France. Mais ma colère était tellement grande que ça n'aura pas suffi. J'ai donc entamé un second chapitre tant le sujet était vaste. Puis un troisième. Rien n'y a fait, je suis toujours autant en colère. Tenez bien compte de ceci afin de bien comprendre où vous mettez les pieds, ou plutôt les yeux. Enfin, vous voyez quoi, si je peux dire. Bref. Ces trois chapitres, je les ai remaniés pour en faire le livre que vous tenez entre les mains. Ceci n'est pas le type de texte que j'ai l'habitude d'écrire, j'ai l'habitude d'écrire des histoires de fiction… Mais aujourd'hui, j'ai un petit peu l'impression de me retrouver dans l'une de mes histoires : des histoires surréalistes parsemées de situations plus absurdes les unes que les autres. C'est bien ça, c'est comme si j'étais rentré dans l'un des bouquins que j'avais écrit. C'est réellement surréaliste. Vraiment. Au début de cette « crise », je me sentais seul par rapport à tout ça, j'avais l'impression d'être le seul à sentir cette psychose qui semblait tellement palpable à mes yeux. Mais personne ne se révoltait, ils avaient tous peur, ils étaient pétrifiés, pétrifiés par ce matraquage médiatique dont ils s'abreuvaient du soir au matin et du matin au soir. Et puis, petit à petit, lentement mais sûrement, d'autres gens ont commencé à se réveiller et à dénoncer les excès de zèle caractérisés de nos gouvernements et surtout des agents représentant l'autorité. Une autorité qui, à présent, a perdu toute crédibilité, dignité et légitimité à mes yeux et qui a définitivement perdu mon respect.

On va sans doute me souhaiter de finir en réanimation, à la morgue ou que sais-je… Mon père, lui, est mort d'une longue maladie, pendant des mois, voire même des années, agonisant sous morphine, luttant contre la gangrène, victime de nombreux AVC, des mini AVC à répétition, hémorragies cérébrales, thromboses, diabète, pour finir par subir de la démence vasculaire (proche d'Alzheimer sous certains aspects). Les derniers mois de sa vie, il ne savait même presque plus s'exprimer. Ses poumons se remplissaient d'eau régulièrement, il s'étouffait… Je l'ai vu agoniser jour après jour, mois après mois, année après année. Alors, taisez-vous, misérables donneurs de leçons, vous ne savez pas ce que c'est que voir quelqu'un agoniser. Lui, il est mort tout seul, personne n'est venu le voir ; ses pseudo-amis l'ont vite oublié dès lors qu'il ne leur était plus d'aucune utilité. Beaucoup de promesses, jamais personne à son chevet. Aucune aide de personne non plus. Il était handicapé à plus de 80 %, les associations de tout genre l'ont gentiment ignoré, l'État l'a ignoré, le fameux Cap48 de la RTBF (organisation belge qui permet la récolte de fonds destinés principalement aux personnes handicapées) l'a ignoré, tout le monde l'a ignoré, lui qui a passé sa vie à rendre service aux autres. Et ce n'était pourtant pas faute d'avoir essayé. Mais son cas n'était pas médiatisé, donc il n'intéressait personne. La santé et les finances de ma mère ont été ruinées par près de 10 années de « combat » quotidien. Aujourd'hui, on l'aurait comptabilisé dans les morts du Corona comme on comptabilise un peu tout le monde pour entretenir l'hystérie et la peur. Lui, il n'est pas mort du Corona. Les nombreuses personnes décédées d'autres maladies dans le monde, tout le monde s'en bat les couilles, seuls les gens morts – ou présentés comme tels – du Corona comptent à présent. Si vous ne mourez pas du Corona, et à moins d'être une star (ou starlette des réseaux antisociaux), vous mourez dans l'anonymat le plus complet.

Qui suis-je pour dire tout ceci ? Je ne suis qu'un citoyen ordinaire. Mais un citoyen qui observe. Un artiste qui exprime ce qu'il ressent. Un « hypersensible », comme on dit aujourd'hui. Et comme l'ont déjà dit beaucoup d'autres avant moi, mon avis ne vaut pas plus qu'un autre, mais il ne vaut pas moins non plus.

Hypersensible, donc ? Il semblerait bien. Personnellement, je n'aime pas l'idée d'avoir ainsi une étiquette, je déteste ça, même. Néanmoins, j'ai dû admettre que j'en présentais la grande majorité des « symptômes ». Mais ce n'est pas une « maladie », c'est juste un trait de caractère (qui, en général, en englobe beaucoup d'autres) comme il y aurait des gens idéalistes, étourdis, introvertis, extravertis, etc. Pour vous situer un petit peu par rapport à tout ça et pour que vous compreniez ce qui m'anime aujourd'hui, je vais tenter de vous donner un aperçu de mon quotidien, de ma vision du monde, de ce que je ressens. Il y a du bon et du moins bon. Du très bon comme du très mauvais. Mais pour moi, c'est souvent une malédiction, car les émotions ressenties sont parfois tellement violentes que la mort semble par moments être la seule échappatoire. Parfois, des émotions nous submergent sans crier gare et il faut subir le regard incrédule, dubitatif voire moqueur des gens qui ne comprennent pas. C'est un calvaire insupportable, car ces émotions sont difficilement contrôlables. Dans ces moments, j'ai juste envie d'aller m'exiler sur une île déserte et ne plus jamais la quitter. J'ai découvert ce concept d'hypersensibilité il n'y a pas si longtemps et j'ai enfin pu mettre un mot sur mon mal-être, moi qui me suis toujours senti comme un étranger, un mec à l'écart voire un extra-terrestre au regard des autres. Je ne les comprenais pas et je ne comprenais pas qu'ils puissent ne pas me comprendre. Je ne comprenais pas non plus certaines de leurs réactions et je ne les comprends toujours pas, d'ailleurs. Par contre, j'ai toujours eu ce feeling à leur contact, un feeling qui me trompe rarement, un feeling sur lequel il m'est impossible de mettre des mots. Quelque chose de confus, mais la plupart du temps juste.

Pour quelqu'un comme moi, féru de liberté, vous n'imaginez pas la violence émotionnelle que je ressens intérieurement face à cette hystérie collective nommée COVID Numéro 19. Moi pour qui la liberté est une chose sacrée, autant vous dire que cette situation me rend fou. Mais pas fou comme ces fous dehors qui donnent dans l'excès de zèle à la limite de la psychiatrie : fou de rage, de douleur intérieure, comme si des milliers de voix hurlaient à l'injustice dans ma tête à chaque fois qu'on me raconte l'une de ces anecdotes sordides et scandaleuses, que je lis un article ou que je regard*ais* (car je ne les regarde plus depuis longtemps) les infos. C'est un petit peu comme si j'avais une sorte d'« antenne » pour détecter ces injustices, souvent là où les autres ne le perçoivent pas encore, avant même que tout le monde ne s'en rende compte. C'est une sorte de malaise psychique, une impression désagréable. Et que ça me touche ou non, de près ou de loin, je le ressens violemment comme si ça me touchait personnellement. Ça me pourfend les entrailles telle une lame qui me transpercerait tout le corps, j'en tremble jusqu'à en ressentir des sueurs froides : comme une sorte de coup de poignard qu'on m'enfoncerait dans l'estomac à chaque fois. Je ne sais pas pourquoi, mais j'ai toujours ressenti cette colère, cette rage face à l'injustice. Et face à ces injustices perpétrées par ces « Corona fachos », je sens la colère monter, des émotions dévastatrices m'envahissent jusqu'à m'en faire trembler, suer, se faire dresser les poils de mes bras au point où je me vois fracasser le crâne de ces misérables. Je me sens tellement envahi par la colère que c'est comme si pendant quelques instants, j'étais dans une bulle, hors du monde. À ce moment, ni un fusil ni un commando ne m'arrêterait, pas même un flingue sur la tempe ne me stopperait, ils n'auraient qu'à me fusiller – puisque c'est là que nous en sommes – comme en 40. L'adrénaline et le flot d'émotions que je ressens durant ces quelques instants sont tellement puissants que ces crapules devraient me tuer pour m'arrêter. Pourtant, je suis foncièrement non violent, de ma vie je n'ai jamais frappé qui que ce soit ; dans la rue, je sauve les abeilles qui traînent sur le trottoir, les escargots pour éviter qu'on ne leur marche dessus, même les araignées chez moi que je mets dans un petit pot pour ensuite les déposer dehors… Mais là, je me dis que ces déchets de l'humanité mériteraient bien une bonne correction. Oui, je sais, ce n'est pas bien d'inciter à la violence, à la « haine », et tout ça. *C'est mal.* Mais je n'incite à rien, c'est juste une pensée, mon ressenti que j'exprime ici. Par contre, nous, nous devrions nous laisser malmener pour avoir commis le « crime odieux » d'avoir par exemple osé nous asseoir dans un parc, sur la plage, refusé de mettre le masque d'Halloween ou pour avoir refusé de prendre le caddie « obligatoire » dans les supermarchés ? On me dit souvent que je dois prendre du recul, mais ils ne comprennent pas que c'est juste impossible. Mon sang bouillonne, mes oreilles se bouchent, je n'entends quasi plus rien autour de moi, je suis comme submergé dans une bulle, j'ai juste envie de m'ouvrir les veines tellement c'est insupportable, tellement ça me révolte. Et le fait de me sentir impuissant face à tout ça en rajoute une couche. Je me sens comme une éponge qui absorberait et ressentirait la douleur des autres. Littéralement fracassé. Parfois, le ressenti est tel que je ressens même physiquement leur douleur. Et après, mes pseudo-amis viennent m'insulter, me faire la leçon de morale et même me traiter d'« insensible ». Comment osent-ils ? Ma réaction quand les prémisses de cette dictature sanitaire pointaient le bout de leur nez m'a valu un lynchage en règle de la part de ces « amis » que je pensais pourtant intelligents et un minimum réfléchis. Quelle déception !

Les gens sont-ils encore capables de se réveiller de leur torpeur ? Ils ne se révoltent plus tellement ils ont été conditionnés par la peur, infantilisés et culpabilisés. Donnerait-on des injonctions débilitantes au peuple pour l'occuper et lui donner l'impression qu'il fait quelque chose ? Tout sentiment de révolte semble avoir été asphyxié dans le flux continu d'informations terrifiantes qui tournent en boucle sur toutes les chaînes de télévision, sur toutes les radios, dans tous les journaux, sur tous les sites web, sur tous les réseaux antisociaux. Non, le monde n'a pas évolué, il n'évoluera jamais. On aurait pu le croire, mais ces derniers évènements prouvent le contraire. L'humanité est aussi abjecte qu'il y a 1 000, 2 000, 3 000, ou 4 000 ans. *Non, non, rien n'a changé… Tout, tout a continué.*

Je réalise aussi que ce monde n'est pas du tout tel que je

l'imaginais, tout est faux, tout est artificiel. Les gens sont artificiels. Et leurs principes sont aussi fragiles qu'un fil à coudre. Un petit coup de ciseaux et c'en est terminé. Finalement, nous sommes encore au Moyen Âge. Depuis la seconde moitié du 20ème siècle, on nous matraque le cerveau sur les principes de progrès, d'égalité, de tolérance, mais qu'en est-il lorsqu'un problème survient ? Nous, les Occidentaux, nos gouvernants, notre peuple, nous montrons cette image de bien propre sur nous, mais ce n'est là qu'une façade, une façade d'une maison vide. Tellement grotesque. On est loin, très loin d'y être, dans ce phantasme d'une civilisation dite « progressiste » qu'on veut nous vendre. Au moindre souci, la véritable nature des gens se révèle. Cette catastrophe n'a fait que révéler l'ampleur de la honte. Ce monde est toujours aussi dégueulasse qu'avant. Même pire, car tout est plus sournois et caché. Avant, les gens se tapaient sur la gueule et c'était fini. Aujourd'hui, il y a cette hypocrisie malsaine ambiante partout et qui pourrit tout.

Je me sens mourir à petit feu, je me laisse aller, dépérir, car je n'ai plus aucun espoir dans cette humanité putréfiée jusqu'à la moelle, il n'y a plus grand-chose qui me retienne ici. Je suis effaré de voir comment ce monde est tombé si bas. Je risque le surmenage « psychique » à chaque instant, le « Burn Out », comme on dit aujourd'hui, tellement toutes ces idées me tapent dans la tête. Bienvenue dans le monde de l'hypersensibilité ! Avec dix ou vingt idées à la minute, voire plus encore, le cerveau sature et nous risquons le « surmenage intellectuel » à chaque instant. Et puis, les gens ne savent ou ne veulent pas comprendre que d'autres puissent ressentir les choses différemment et plus intensément qu'eux. Dès lors, ils sont totalement incapables de comprendre nos réactions jugées « excessives », « extrêmes », ou « disproportionnées » (cocasse tout de même quand on voit la disproportion des mesures et de leurs réactions face à ce « Coronagate »). Et puis ils viennent nous parler de tolérance, nous faire la leçon comme si nous étions des demeurés ?

Je suis peut-être « hypersensible », mais je suis aussi quelqu'un pour qui le concept (obsolète ?) de bon sens est un guide, un guide conscient et parfois même inconscient. La raison d'abord. Une décision doit avoir un sens, sinon il m'est impossible de la respecter, c'est viscéral. Je suis dans l'impossibilité de respecter une décision ou une injonction que je trouve absurde et défiant le bon sens. Ceci pourra vous sembler paradoxal de la part de quelqu'un qui se proclame lui-même « hypersensible » … Pourtant, c'est de la pure logique… selon moi, en tout cas !

Aujourd'hui, j'ai entendu parler d'une histoire qui m'a à nouveau mis dans cet état. L'histoire d'une étudiante et de son petit chat. À cause d'âneries et d'absurdités administratives – causées par la catastrophe nommée Corona, c'est important à préciser – le petit chaton a été condamné par Môsieur le ministre à être euthanasié. Avec une contrainte de 5 000 € *par heure* (sic) tant que ce n'était pas fait. J'applaudis cette courageuse étudiante qui tient tête à ces charognards qui essayent de la broyer dans leur machine infernale. La loi, c'est la loi. C'est comme ça. Eh bien, non. Ils doivent comprendre que nous ne sommes pas tous des pantins. Et j'espère que les gens vont enfin se réveiller et dire « NON ». Trop, c'est trop !

Voici donc mon témoignage et mon analyse de cette psychose qui a fait basculer le monde dans une folie pure en cette année maudite de 2020. Je ne suis ni un philosophe, ni un politologue, ni un épidémiologiste, ni un psychologue, ni même un sociologue, je suis juste un être humain. Un être humain qui voit le monde avec sa sensibilité particulière. *Et ce n'est pas parce qu'il y a eu pire, bien pire, par le passé qu'il faut pour autant se taire et tout accepter en silence !* C'est même un devoir de dénoncer les injustices, un devoir pour tout être humain digne de ce nom. La liberté est un droit inaliénable et lorsque celle-ci est en danger, peu importe les raisons, il tient du devoir de se battre pour elle. Ne fermons pas les yeux, ne fermons *plus* les yeux ! Ne les laissons pas recommencer ! Dictature sanitaire : Plus jamais !

Précision importante, ceci est un témoignage personnel sous la dictature sanitaire de Belgique. Certaines injonctions, lois, situations peuvent donc varier et être plus ou moins absurdes selon le pays où vous lirez ceci.

# 1e PARTIE
## Le nouveau fascisme ordinaire, acceptable et accepté

Dictature : *L'origine du terme remonte à la Rome antique, où la dictature était un état de la République romaine où un magistrat (le dictateur) se voyait confier de manière temporaire et légale les pleins pouvoirs en cas de troubles graves. Le terme vient du latin dictatura, qui désignait, à l'époque de la République romaine, une magistrature exceptionnelle qui attribuait tous les pouvoirs à un seul homme (le dictateur –étymologiquement « celui qui parle »). Cette magistrature suprême, assortie de règles de désignation précises et temporaires (six mois maximum), était accordée en cas de danger grave contre la République.*

~ Source : *Wikipédia*

Dictature : *Le terme de dictature est emprunté au vocabulaire politique de la République romaine. En cas de crise sérieuse, on y créait un « dictateur », magistrat investi de pouvoirs quasi absolus pour une durée limitée (six mois en principe) : ensuite on revenait à l'organisation normale des pouvoirs publics.*

~ Source : *Encyclopædia Universalis*

Ceci me rappelle furieusement quelque chose… Mais quoi ? Ah, oui, la situation de ce printemps 2020 dans le monde !

*Selon Hannah Arendt, la différence entre une dictature et un régime totalitaire ne se situe pas dans l'ampleur de l'arbitraire, de la répression et des crimes, mais dans le degré de contrôle du pouvoir sur la société : une dictature devient « totalitaire » lorsqu'elle investit la totalité des sphères sociales, s'immisçant jusqu'au cœur des sphères privée et intime (familles, mentalités, psyché individuelle).*

~ Source : Hannah Arendt, *La nature du totalitarisme*

Interdiction de sortir, de contacts physiques, de recevoir des gens chez soi. Délations, dénonciations, police des « mœurs » qui sillonne les rues à la recherche des vils subversifs qui ne se soumettraient pas à la « loi martiale » décrétée par un gouvernement qui s'est octroyé les « pleins pouvoirs ». Répression et lourdes sanctions en cas de non-respect du nouveau code de conduite, chasse aux sorcières de ces « *criminels* », « *meurtriers* », « *égoïstes* » qui osent braver ces interdictions liberticides. Et la liste peut encore continuer… Vilipendés par une masse populaire fanatisée, ces « *salauds de subversifs* » sont ainsi jugés de façon accélérée et expéditive (ouverture de tribunaux d'exception pour ces « salauds ») et jetés en pâture dans l'enfer des réseaux (anti)sociaux.

> *La loi martiale est l'instauration dans un pays d'un état judiciaire d'exception, au sein duquel l'armée assure le maintien de l'ordre à la place de la police ou en collaboration avec celle-ci. C'est le chef d'État qui « invoque » la loi martiale, ce qui signifie que le général de l'armée prend le pouvoir pendant un temps délimité. Elle se traduit généralement par la suspension totale ou partielle des libertés fondamentales des citoyens, notamment celles de se rassembler, de manifester et de ne pas être emprisonné sans fondement judiciaire. La loi martiale n'entre en vigueur qu'en raison d'une situation exceptionnelle, ou perçue comme telle.*
>
> ~ Source : *Wikipédia*

La différence avec la situation de ce second trimestre de 2020 est subtile. Et encore, en France, elle l'est encore moins. Puisque le président français l'a affirmé : « *Nous sommes en guerre.* » L'armée sillonne les rues, la police traque sans pitié et sans relâche le moindre réfractaire, allant jusqu'à chasser ces vils subversifs en hélicoptère dans les montagnes. Véridique, je le précise, car ça semble tellement inconcevable et irréel... Ces personnes *seules* à des kilomètres à la ronde qui se baladent simplement dans la forêt sont en effet de grands criminels. *De la pire espèce.* Des renégats à abattre. *On mobilise des hélicoptères et des drones pour traquer une personne dont le seul « crime » est de se balader seule dans la forêt.* J'insiste, car c'est tellement absurde et digne d'une dystopie cinématographique... La police n'a visiblement rien de mieux à faire. Il ne manquerait plus qu'un retour de la peine de mort pour éliminer ces sales subversifs et pour parachever la transition vers un nouveau type de régime totalitaire pur et dur. Ce sont des lois inhumaines appliquées à la lettre de façon tout aussi inhumaine. En Belgique aussi, c'est comme ça... Surtout en Flandre, et spécialement à la côte où les agents « sanctionnateurs » font preuve d'un excès de zèle caractérisé. Les Wallons ne sont pas en reste non plus, d'ailleurs. Ils appliquent ainsi les « recommandations » à la lettre sans rien mettre en perspective et en dépit de tout bon sens. La chasse aux grands méchants subversifs, ou aux sorcières c'est selon, est ouverte ! Car au vu des témoignages et observations, nous en sommes là, un retour à la terreur de l'an 1940 voire même à l'inquisition. On parle depuis longtemps du roman visionnaire de George Orwell : *1984.* La situation à l'heure où j'écris ces lignes le rappelle plus que jamais. Crime de la pensée, novlangue, privation des libertés, interdiction de tout contact physique, surveillance jusque dans la vie privée, pouvoir des médias, contrôle de l'information, censure, fausses informations, rationnement... Nous y sommes. Moins spectaculaire, mais plus sournois. *Beaucoup plus sournois.*

Alors, on change les mots, on donne des termes doucereux hypocrites pour amadouer la population. Des dirigeants encouragent même la délation… ah non, surtout pas, c'est du « *renseignement* », pas de la délation ! On « *informe* » la police ! Oui, oui ! Je ne l'ai pas inventé, je l'ai entendu plusieurs fois à la radio ! En 40 aussi, la Gestapo parlait de « renseignements ». On nous parle aussi de ce fameux « confinement » : quel mot doux tout mielleux. On en vient même à nous souhaiter « *bon confinement* ». C'est une fête ? Une célébration ? Un bon moment à passer ? Quelle hypocrisie ! D'un côté, on fout une trouille monumentale aux gens dans les médias et d'un autre, on donne toutes sortes de noms doucereux pour faire passer la pilule et ne pas effrayer la population. Il ne faudrait pas créer la panique, surtout pas. Les gens ne pensent plus avec leur tête, ils pensent avec cette peur irrationnelle qu'on leur a inculquée dans les médias. Tout ceci n'est juste que du sensationnalisme émotionnel… de la manipulation de masse, consciente ou pas. Manipulation inconsciente ? Bien sûr. L'effet de groupe n'y est pas pour rien. Cette « intention inconsciente » (oui, oui, ces deux mots ne sont pas forcément paradoxaux) n'est pas forcément négative, mais elle est bien là. On effraye puis on rassure. Le grand méchant virus (C'est conscient ça, un virus ? Non, mais bon, voilà…) et les grands méchants subversifs qui ne respectent pas les « *règles* » sont ainsi les nouveaux ennemis à abattre. Et puis, que dire de la fameuse distance antiso… err… sociale, pardon. Un concept qui va rentrer dans les mœurs et devenir « normal », voire banalisé dans les années à venir. À chaque nouveau problème, on va nous le resservir, aucun doute là-dessus. Ça et tout le reste…

Sous prétexte sanitaire, on pourra désormais nous interdire et nous faire faire n'importe quoi et ils ne vont pas se gêner. Tout ceci avec l'approbation – *et les applaudissements, svp !* – de la population, bien sûr. De là à en arriver à un traçage des subversifs, des contrevenants et des « pestiférés », il n'y a qu'un pas. Un pas déjà franchi en Chine, notamment. Certains voudraient de ce fait traquer et « pucer » (via leur smartphone, voire pire...) les malades pour pouvoir suivre leurs mouvements en temps réel, savoir exactement où ils se trouvent, à quel moment et avec qui. Ce n'est même plus de la science-fiction, ça se passe déjà dans certains pays, mais pour des raisons « sanitaires », disent-ils. En 40, on imposait ainsi aux Juifs de porter une étoile... Mais la mémoire du passé est très sélective. En Belgique, ils ont ainsi déjà commencé ce traçage, des Call Centers ont été créés et le harcèlement « H24 » des personnes ayant été en contact de près ou de loin avec M. Corona fait fureur. Ils veulent savoir qui vous avez vu, quand et où. Tous les jours, jusqu'à dix fois par jour. Et je ne parle même pas de cette « application » pour smartphones dénommée « StopCovid », dont l'intrusivité rappelle furieusement le système chinois : lorsque deux personnes se rapprochent pendant un temps déterminé (assez court), le smartphone de l'un enregistre les données relatives aux interactions sociales de l'autre dans son historique. L'application se charge alors de vérifier toutes les interactions enregistrées durant les jours qui ont précédé. Effrayant. On contribue ainsi à habituer la population à se faire encore plus traquer que ce qu'elle n'était déjà.

Et que dire des enterrements expéditifs où les gens sont presque jetés dans des fosses communes ? La police peut même désormais débarquer chez vous, sans mandat, pour contrôler si vous respectez bien leurs mesures. Comme en 40, encore une fois… Et puis toutes ces interdictions complètement farfelues et aléatoires selon la lubie du bourgmestre (ou maire en France) …

Alors, oui, ce virus est dangereux, il faut être prudent et tout ça, etc. Certes. Mais la fin ne justifie pas les moyens. Les règles doivent être appliquées avec DISCERNEMENT et au cas par cas. Ce n'est pas le cas. *Avec discernement, humanité et surtout avec raison*, j'insiste lourdement. Car NON, la loi n'est *PAS* juste la loi. Ceux qui l'appliquent ainsi à la lettre sans se soucier du contexte sont des extrémistes qui n'ont pas leur place dans les forces de l'ordre et qui jettent la honte sur leur profession. LA HONTE. Car il y a des abus flagrants et caractérisés qui ne se comptent plus, des violations aggravées des droits fondamentaux humains de la part d'institutions ayant autorité : c'est tout simplement inacceptable, intolérable, RÉVOLTANT ! Mais les gens se taisent, ILS SE TAISENT. Toutes ces grandes gueules, ces « droit-de-l'hommistes » qui la ramenaient pour un oui ou pour un non, leur silence est assourdissant. Ces agents zélés coupables de dérives devraient être lourdement sanctionnés. Ils devront rendre des comptes et être traduits en justice. Et ceux qui ont promulgué ces lois liberticides également. Mais je crains qu'il n'en soit rien. Ils seront même applaudis par les soumis de la dictature sanitaire… un comble.

## Le crime de la pensée, le grand classique de tout Régime Totalitaire !

Il y a quelque part des réactions et des mesures ultras disproportionnées. Mais nous ne pouvons pas le dire, car le crime d'opinion et de la pensée a été officieusement (ré)instauré par la population. Quoique, officieusement, je n'en sois plus très sûr. Je l'ai vécu, j'ai osé critiquer ces mesures gouvernementales et je me suis fait lyncher extrêmement violemment par mes pseudo-amis. *Qui ne le sont plus entre temps.* Je suis devenu un paria pour avoir eu l'audace de penser autrement. *Et de le dire.* La police de la pensée veille, elle est en tout un chacun où chacun se prend pour un justicier, n'hésitant pas à dénoncer, insulter toute personne qui serait en contradiction avec la « *pensée réglementaire* » diffusée dans les médias et par la majorité de la population via leurs réseaux (anti)sociaux. Ce virus les a tous rendus fous et abjects, c'est comme si la lie de l'humanité venait de se réveiller tout à coup. On m'a souhaité de crever, de finir seul, on m'a insulté, traité de tous les noms, menacé juste pour avoir exprimé un ressenti qui n'était pas en accord avec le leur. Une vindicte : ils avaient besoin de se défouler sur la personne qui pensait en dehors des clous, j'étais la proie idéale de ces « bien-pensants » méprisants et méprisables, mes « *ami(e)s* ».

## Nous avons été conditionnés pour ne pas nous révolter.

Ce qui est le plus révoltant, c'est encore cette docilité sidérante de la population. Où étaient donc les fameux « gilets jaunes », les « climateux », les « droit-de-l'hommistes », tous enclins à manifester pour un oui ou pour un non, tous tant férus de justice ? Et les fameux Anonymous, alors ? Lorsqu'on nous a privés, presque du jour au lendemain, de nos libertés et droits fondamentaux sous prétexte d'un virus (dont on avait bien pris soin de nous terrifier avec), où étaient-ils donc tous ? Ils n'étaient pas là, on ne les a plus entendus ! Disparus de la circulation. Envolés.

On invoque désormais la sacro-sainte précaution sanitaire pour justifier les pires des comportements. *Des exactions.* Car le mot est juste : exactions. Les exactions des forces de l'ordre ne se comptent plus, elles sont devenues le quotidien. Elles font partie du paysage…

Que dire de ces quelques exemples, des témoignages tous rapportés par mon entourage ?

Une amie à la mer m'a raconté une petite mésaventure qui lui est arrivée l'autre jour. Elle promenait son chien et, sur le chemin, elle a croisé une dame âgée. Elles ont un petit peu discuté. Quelques instants plus tard, une patrouille de police est arrivée, très agressive. Ils ont dit, textuellement : « *Vous, avec votre chien, continuez, mais vous* (à la vieille dame)*, vous dégagez !* » Sèchement, sans aucune compassion.

Un autre jour, à Bruxelles, une amie se promenait avec sa fille, un homme marchait dans la rue un peu plus loin. Soudain, une voiture s'arrête. Une dame descend et demande ce qu'ils font là. L'homme doit partir. C'est une policière en civil, elle montre sa carte. Et à mon amie, on lui hurle dessus : « *Pas de contact physique !* » Sa fille s'est mise à pleurer. Donc, en privé, on peut, mais en public, « *on peut pas* ». Où est le bon sens ? Allo, bon sens, es-tu là ? Allo ? Non, mais allo, quoi ?! *Il est pas là !*

Et que dire de ces communes qui sanctionnent des amoureux qui se tiennent la main dans la rue ou qui interdisent à un couple de s'embrasser lors de leur mariage ? Mais ils pourront le faire en privé ! Ah OK… Alors ça va (!). Mais où va-t-on ? Est-ce déjà la charia ? Cette nouvelle « *police des mœurs* » n'a plus grand-chose à envier à ces fameuses patrouilles de la police de la charia présentes dans certains quartiers de certaines villes. C'est surréaliste. Allo, bon sens ? Non, il n'est toujours pas là…

L'autre jour, mon amie à la mer, encore elle, me rapporte une nouvelle mésaventure surréaliste. Par la fenêtre de son appartement, elle entend un couple se disputer dans la rue… *La vision d'horreur, l'abomination, l'infamie…* Un couple qui se dispute dans la rue, insoutenable ! Il n'a fallu que 5 minutes à la police pour débarquer… un vrai commando, 2 camionnettes, une dizaine d'hommes se ruent sur les 2 monstres qui se font plaquer au sol comme des terroristes.

Et ça continue. Un autre jour, elle est allée s'asseoir 5 minutes sur la plage. Seule, personne à des centaines de mètres d'elle. *Le crime monstrueux qu'elle venait de commettre !* Rebelote, la patrouille de la vertu a rappliqué illico, la menaçant des pires représailles si elle commettait à nouveau ce crime ; amende de 250 € et emprisonnement en cas de « récidive ». Allo, bon sens ? Où te caches-tu ?

Toujours à la côte, un ami devait venir lui apporter des vivres, car elle n'a plus de revenus « grâce » à la dictature sanitaire. Erreur, cet ami habitait dans le village voisin ! À l'entrée, des barrages policiers dignes de la Gestapo l'ont arrêté et volé de 250 € prétextant une violation dudit « confinement ». Il faut bien qu'ils remplissent les trous dans leurs caisses. Non ?

Et puis ce cas en France, rapporté dans les médias : quelques personnes assistaient à l'enterrement d'un proche… la police débarque et leur colle à chacun une lourde amende. Révoltant, écœurant, inadmissible. Cas similaires en Italie…

Dans certaines grandes villes, comme à Paris, des familles entières (parfois de plus de 5 personnes) sont entassées dans des cages à poules d'environ 11 m² sans la possibilité de sortir, ou en tout cas sans devenir des hors-la-loi!

Toujours en France, en Bretagne, une vieille dame malade qui prenait l'air (seule, encore une fois, personne aux alentours) sur la digue devant la maison où elle logeait temporairement (car on lui a interdit de rentrer chez elle !) s'est vue infliger une amende de 135 € pour avoir « *osé* » se dégourdir les jambes ! C'est CRIMINEL, ces agents sont des criminels. J'espère que les gens ne les auront pas payées, leurs amendes criminelles. C'est tout simplement du racket !

Sans oublier les délations par milliers, vraies ou fausses, peu importe, chaque jour… La lie de l'humanité s'est réveillée, je vous dis. La folie s'est emparée du monde.

Et que dire de ce cas qu'on m'a rapporté ? Un homme faisait des exercices de sport dans la forêt de Soignes, aux abords de Bruxelles. Il était seul à des kilomètres à la ronde. Cependant, une patrouille de police ultra zélée est venue l'appréhender et lui mettre une amende. Son crime ? Une fois de plus, se trouver seul dans la forêt… À peine croyable. La police n'a visiblement rien de mieux à faire que de traquer les subversifs. L'état policier tant redouté depuis des décennies est bien là… et les gens l'applaudissent. Ce n'est plus de la fiction.

Ceux qui nient cet état de fait ne sont que des négationnistes. Mon grand-père résistant doit se retourner dans sa tombe.

La stupidité ne semble plus avoir de limite. Quand on croit toucher le fond, on tombe encore plus bas ! Dans le courrier des lecteurs d'un magazine, j'ai lu ceci. Un couple sort de son village en voiture, d'à peine quelques kilomètres. C'est là qu'un officier de police les arrête en leur demandant les papiers du véhicule et surtout s'ils habitaient dans les environs. Honnête, le couple répond qu'ils habitent le village d'à côté et qu'ils testent leur nouvelle voiture. Sèchement, le policier leur répond : « *Vous ne pouvez pas, pas d'excuse de balade.* » Et le couple répond : « *Nous ne sortons pas de notre voiture, c'est juste pour bouger un peu.* » « *Non et non, vous ne pouvez pas !* » Estomaqué, le couple essaye tant bien que mal de faire entendre raison à ce monsieur visiblement très carré dans sa tête et surtout très borné : « *Pourtant, il y a beaucoup de touristes à moto, même des motards de Flandre…* » La réponse de cet agent de police est digne d'un bêtisier de fin d'année… « *Eh bien, remettez votre voiture chez vous et passez ici à moto, nous vous laisserons passer !* ». Serait-on dans une série tragi-comique, dans une « idiocratie » ? Car on touche vraiment le fond du fond ici… À moins que ce n'ait été une caméra cachée ?? Une bonne blague ? Ou alors un gag des Monty Python… Qu'est-ce donc, alors ? C'est la loi. Ah OK !

Ma mère qui a vécu l'occupation nazie se sentait plus libre sous la Gestapo qu'aujourd'hui avec ces petits nazillons qui se prennent pour des zéros (oups, je voulais dire héros).

Les générations futures qui liront ceci vont tous nous prendre pour des fous. On nous aurait raconté ces quelques exemples quelques semaines avant que le monde ne bascule dans cette absurde réalité, on nous aurait ri au nez. Et ce ne sont là que quelques exemples parmi un nombre incalculable d'autres. Nous sommes tous devenus des criminels et des pestiférés en puissance. Des prisonniers assignés à résidence dont le seul crime est celui d'exister. Quand on applique une « loi », qui plus est extrêmement liberticide, à la lettre en dépit du bon sens, c'est de l'extrémisme. Pur et dur. Du FASCISME.

Fascisme : *Le fascisme est un système politique autoritaire qui associe populisme, nationalisme et totalitarisme au nom d'un idéal collectif suprême.*

~ Source : *Wikipédia*

Fascisme : *Attitude autoritaire, arbitraire, violente et dictatoriale imposée par quelqu'un à un groupe quelconque, à son entourage.*

~ Source : *Larousse*

Nous ne sommes plus très loin de cette définition… On aurait pu croire que le monde, que la société, que les gens aient évolué depuis l'an 40, mais il semblerait bien que non. Tous ces gens qui d'ordinaire huent les « sales fachos » montrent enfin leur vrai visage. Et il n'est pas très joli. La société elle-même vient aussi de montrer son véritable visage : nous sommes libres « *sauf si* »… Donc, nous ne le sommes pas.

## Les dérives sécuritaires deviennent peu à peu la nouvelle norme.

Bande de fous, vous allez détruire bien plus de vies que le virus ne l'aurait fait. Vous êtes fous à lier et ceux qui soutiennent cette dictature le sont encore plus (même si vous êtes conditionnés par la peur, c'est impardonnable). Des choses impensables et inacceptables quelques semaines encore avant cette situation de folie deviennent ainsi « normales » et acceptables soudainement grâce au sacro-saint mot magique « précaution sanitaire ».

De nouveaux concepts voient également le jour comme la fameuse « distance (anti)sociale » ou « distanciation sociale ». Dans les médias, ils se gargarisent tellement à chaque fois qu'ils le prononcent qu'on croirait des petits enfants qui viennent d'apprendre un nouveau mot. À chaque fois que je l'entends, je ne sais pas pourquoi, j'ai cette irrépressible envie de foutre des claques à quelqu'un. Désolé ! Quand je marche sur le trottoir, beaucoup de gens dévient de leur trajectoire et bifurquent dans la rue, contournent la voiture stationnée à côté de moi pour enfin revenir sur le trottoir derrière moi. Comme si j'avais la peste. Un véritable affront, c'est choquant. Il faut être prudent, mais il y a des limites au manque de respect. Que dire également de tous ces fous qui dévalisent les magasins de leur papier toilette ? Mais on ne peut pas leur en vouloir. Les médias agitateurs ont fait leur boulot avec leur course au buzz à tout prix. Et après ils s'étonnent des conséquences ?

Ils aimeraient maintenant nous obliger à tous porter un

masque, partout, et tout le temps. Symboliquement, c'est très fort. Non seulement nous acceptons de nous soumettre, mais nous en voulons même encore plus. Nous sommes réduits au silence et nous en redemandons. Pas étonnant, finalement, dans cette société héritière du sadomasochisme judéo-chrétien et de sa fascination pour la culpabilité. On se flagelle, on cherche un coupable. Et puis on se bâillonne avec une muselière pour bien montrer notre soumission. Notre bon sens est ainsi symboliquement masqué par notre conditionnement. Nous sommes totalement déshumanisés. Il y a le fameux film *Halloween : La Nuit des masques* et désormais, c'est « Halloween : La Mascarade » tous les jours. C'est le Bal Masqué, Ohé, Ohé !

Il y a aussi ceux qui voudraient, une fois un vaccin mis au point, vacciner de force s'il le faut toute la population, voire même envoyer l'armée chez les réfractaires. C'est le fantasme de certains. On lit de tout sur les réseaux antisociaux. Je ne suis pas du tout contre les vaccins, au contraire, ils sont vitaux dans certains cas, mais cette vaccination-là, jamais de la vie. Je ne me soumettrai jamais à la dictature sanitaire.

Tout ceci est pour le bien du peuple, disent-ils fièrement. Sous la dictature aussi, ils disent que c'est pour le bien du peuple. Et après, ils reprendront leur petite vie oubliant les exactions commises au nom de la sacro-sainte précaution sanitaire. Un retour à la normale, disent-ils ? Mais après ce qu'il s'est passé, un retour à la « normale » n'est absolument plus possible ! Trop de choses ont été commises pour passer l'éponge.

La Ges… oups, je voulais dire la police à cheval – lapsus –

qui patrouille sans relâche les rues à la recherche de subversifs a, l'autre jour, laissé un gros colis devant ma porte, sur le trottoir. Un colis odorant d'un bon mètre de diamètre. Eux, ils peuvent. Ben oui, ce calibre-là, ils ne savent pas le ramasser, tandis que les petites crottes de quelques centimètres cubes de nos chiens, ceux-là, on doit les ramasser sous peine de sanctions. Mais les cacas de plus de 1 $m^2$, il ne faut pas. Pire, si c'est sur mon trottoir, c'est moi qui risque une amende si je ne le nettoie pas. Je suis responsable de mon trottoir, après tout...

En fait, il y a une autre épidémie qui se répand en parallèle, une épidémie qui fait bien plus de victimes que le Covid Numéro 19. Bien plus dangereuse, il s'agit d'une épidémie dont presque personne ne parle, que personne ne voit – ou ne veut voir – et qui passe totalement inaperçue : celle dont les symptômes sont la perte de raison et de bon sens. Une épidémie que je serais tenté de nommer le « CONVID ». Sans numéro, c'est universel !

J'oubliais presque de mentionner cette hallucinante aberration, ce paradoxe, ce contresens à se fracasser le crâne contre un mur. Dans beaucoup de supermarchés, pour garantir la fameuse distance antisociale, ils obligent les gens à prendre un caddie ! Rien ne vous choque, ne vous semble anormal ? D'un côté, on nous matraque le cerveau pour prendre nos précautions, etc. Et d'un autre, on veut nous obliger à toucher un caddie que des centaines de personnes ont touché avant nous ? Alors oui, on voit un gars avec une espèce de désinfectant qui asperge vite fait la poignée des caddies avant de nous le donner. Je préfère ne pas en prendre du tout et y aller avec mes sacs. Ce que j'ai toujours fait, d'ailleurs. Eh bien non, on me refuse l'entrée si je ne prends pas de caddie. Alors, je ne rentre pas. Je crèverai de faim, tant pis. Ou j'irai ailleurs, dans un autre magasin dont les responsables n'ont pas encore eu le cerveau anesthésié par le CONVID sans numéro, le virus qui rend con.

En France, ils ont même besoin d'un document pour « *avoir l'autorisation* » de sortir. *Avoir l'autorisation de sortir* (sic). C'est un genre de laissez-passer octroyé chez eux par la « *Kommandantur 2020* ». Par contre, ils peuvent sortir une fois par jour à des heures bien précises. Si tout le monde sort aux mêmes heures, où est le bon sens ? Allo, bon sens ?

On assiste vraiment ici à une sorte d'érosion massive de l'intelligence. On peut aller faire ses courses dans des supermarchés, mais on ne peut pas s'asseoir seul sur une plage ou dans un parc. Même s'il n'y a personne à des kilomètres à la ronde. Helloooo, bon sens ?! Helloooo ?? Écho, écho, écho… Silence.

Ça y est, le bon sens est mort, je pense. Et avec lui, la démocratie. Tous deux ont été sauvagement assassinés.

## Les pantins de la décadence nous préparent un avenir bien sombre.

J'ai la rage, la rage, la RAGE, je suis furieux, en colère. Comment en est-on arrivé là, cette société si encline aux droits humains, tellement donneuse de leçons anti extrême droite. Ils sont tombés tellement bas. Ils ont fait pire que ceux qu'ils dénonçaient quelques semaines encore avant ce cirque planétaire. Et alors, ils critiquent le président hongrois qui prend les pleins pouvoirs. Ont-ils oublié de se regarder dans une glace ? Je n'ai plus la moindre confiance en cette société qui a ainsi bradé ses valeurs les plus chères en un claquement de doigts. Ils ont montré leur vrai visage désormais, celui du fascisme. Serait-on en train de préparer l'avenir en habituant les gens aux mesures liberticides ? Car il y aura un précédent. À chaque problème, paf, Loi Martiale. Il n'y a pas de doute à avoir, ça se reproduira. Il y aura un avant et un après.

Je ne suis pas juste en colère, je suis sidéré, révolté par ce qu'il se passe en ce moment sous prétexte d'une pandémie. Et encore plus par le fait que personne ne bouge, qu'ils trouvent tous ça normal (pire, ils en veulent encore plus) et que personne ne se révolte, qu'ils se laissent faire comme des moutons. Des soumis. DES PANTINS.

Comme je le craignais, ils ont profité de leurs pleins pouvoirs pour faire passer un tas de lois controversées en catimini ou « en stoemelings », comme on dit à Bruxelles. En effet, le fameux projet de loi controversé sur l'instauration de la limitation de vitesse à 30 km/h sur tout le territoire Bruxellois a été voté l'autre jour, en douce, ni vu ni connu. Avec la situation « Corona », comme prévu, c'est passé totalement inaperçu : silence assourdissant des médias. La population est trop préoccupée par le « virus », ils en profitent ! C'était à prévoir. Et je crains que ce ne soit que le début d'une longue liste d'autres lois adoptées dans la foulée.

Ceux qui ne pensent pas dans le sens de « l'affolement médiatique » sont traités de fous. Dans toute dictature qui se « respecte », les opposants sont envoyés dans des asiles psychiatriques. C'est monnaie courante. Pourquoi en serait-il autrement ici ? Je le vois bien dans les commentaires sur Internet, les gens qui ne sont pas d'accord avec les mesures gouvernementales sont traités de fous et assimilés à toutes sortes d'autres inepties sans aucun rapport ni fondement (Francs-caleçons… euh, maçons, je voulais dire, reptiliens, illuminatis, sionistes et autres joyeusetés du style…). Bien entendu, il y a ceux qui crient au « complot » et d'autres qui hurlent aux « complotistes ». En ce qui me concerne, je pense qu'il faut faire la part des choses. Je parlerais plutôt d'une tendance du niveau de l'inconscient collectif où chacun influence l'autre, consciemment ou inconsciemment.

Entre la dictature climatique et la dictature sanitaire, les lois liberticides vont devenir la norme et ceci avec l'approbation et même les applaudissements de la majorité de la population. Les plus anciens d'entre nous peuvent ainsi ressentir une différence phénoménale entre la vie d'il y a encore 30 ans et celle d'aujourd'hui : les règles, lois, interdits, obligations, le politiquement correct, la pression sociale sur chaque individu, sont devenus omniprésents dans notre société et ce n'est pas près de s'arrêter. Les personnes « hypersensibles » comme moi ressentiront d'autant plus cette évolution (ou « régression » ?).

Vous, les petits soldats et garants de la pensée réglementaire, les nostalgiques de l'an 1940, les aficionados de la dictature sanitaire, je ne vous le pardonnerai pas, ni à vous ni à cette société. J'ai toujours été plutôt du côté de la police (en tout cas, jamais « contre »), mais là, ça va trop loin, beaucoup trop loin. J'espère que les coupables de ces exactions vont tomber et payer pour leurs crimes. Pour moi, ce pays, cette société, cette civilisation sont *morts*. Ils peuvent s'effondrer, je m'en contrefiche, désormais. Avec tous ces nostalgiques de l'an 1940, ce monde est devenu insupportable, irrespirable, étouffant, écœurant, immonde.

Je suis fier d'être un subversif.

# 2e PARTIE

## L'architecture de la surenchère de la peur

Au commencement, il y avait des bactéries, des organismes unicellulaires, des virus, ce genre de choses. Puis, il y eut les dinosaures – oui, OK, je sais, je raccourcis de 3 petits milliards d'années – qui régnèrent sur la Terre durant un laps de temps de plusieurs centaines de millions de rotations de la Terre autour du Soleil. Et puis les humains apparurent. Enfin, pas directement, il a fallu passer par différents stades d'Homo ceci, d'Homo cela, d'Homo machins jusqu'à l'Homo sapiens, nous (Bon, pas tout le monde, car il y a une autre catégorie, dont je parlerai plus tard, qui a évolué en parallèle. Suspens !). Comparé à l'âge de la Terre, le règne des virus, bactéries et autres joyeusetés, et même des dinosaures, l'histoire de ces « Homo sapiens » n'est qu'une goutte d'eau dans l'océan. Pas grand-chose, pour ainsi dire, juste une poussière dans l'immensité des galaxies. Et pourtant, ils se prennent pour le nombril du monde voire même de l'univers. Arrogants, méprisants envers les autres créatures et même encore plus envers leurs semblables, ils croient que le monde tourne autour d'eux, *doit tourner autour d'eux*, et surtout *pour* eux. Tout au long de leur microscopique histoire –quelques milliers d'années – ils n'ont eu de cesse de vouloir dominer tout et tout le monde. Tout au long de leur histoire, ils ont vécu des épidémies comme la peste, qui a décimé à son époque près de la moitié de la population du globe, la grippe dite « espagnole » (50 millions de morts), la tuberculose et bien d'autres encore.

Et puis il y eut les médias.

Aujourd'hui, ces Homo sapiens se sentent tellement intouchables qu'un simple petit virus, qui n'a pourtant rien de comparable aux épidémies qui ont frappé le monde dans le passé, leur fait perdre tous leurs moyens, leur bon sens, leur tête, *leur fait péter les plombs.* Et pas qu'un peu. C'est comme si le monde était en pleine crise d'adolescence.

Je n'en reviens toujours pas, c'est comme un cauchemar dont je n'arrive pas à me réveiller.

En 1918, la grippe dite « espagnole » frappe le monde et fait plus de 50 millions de morts. Pourtant, quasi aucune mesure n'est prise (en tout cas, rien de comparable à celles d'aujourd'hui). Oui, je sais, la science, la société, la guerre, tout ça, tout ça. Entre 1956 et 1958, la grippe dite « asiatique » (ou grippe A, H2N2) fait entre 1 million et 2 millions de morts dans le monde (selon les institutions, les chiffres varient). Aucune mesure n'est prise. Pire, elle passe complètement inaperçue parmi la population. Rebelote en 1968 avec la grippe dite de « Hong Kong » (ou grippe A, H3N2) avec environ 1 million de morts également (dont 10 000 en Belgique et 30 000 en France). Le sujet ne fait que quelques lignes dans les journaux et quelques secondes à la radio et à la télévision. Pas de panique, pas de paranoïa, pas d'hystérie, pas d'agitation médiatique, rien de comparable à la catastrophe (car il ne s'agit plus de « crise », mais bien de catastrophe) d'aujourd'hui. *Pas de mesures liberticides, fascistes et totalitaires envers la population.* À l'heure où j'écris ces lignes, il y a environ 300 000 morts dans le monde de ce Covid Numéro 19. La grippe classique en fait entre 400 000 et 600 000 par an (OK, on nous martèle la tête que ça n'a rien à voir, d'accord, d'accord). Encore une preuve que la surenchère médiatique peut causer des ravages dans le cerveau des gens. Et que dire des épidémies de tuberculose au siècle dernier ? Avant la découverte de la pénicilline, on confinait aussi les malades dans des sanatoriums où ils mourraient à la chaîne… jusqu'à ce qu'un médecin « farfelu » ait l'idée saugrenue de les faire sortir, de leur faire prendre l'air et le soleil contre l'avis de tous les « experts » de l'époque. En peu de temps, leur condition s'était améliorée miraculeusement. Mais ça, les « experts » de notre époque l'ont oublié. Et puis la tuberculose, ce n'est pas le COVID-19, bien sûr (c'est juste bien pire). En 2009 survient le fameux H1N1 (même souche que la grippe dite « espagnole » de 1918). Pas de mesures particulières. Son faible taux de mortalité n'en fait pas une épidémie dangereuse. Néanmoins, la panique se fait ressentir : les prémisses de l'hystérie étaient là. Les réseaux antisociaux n'en étaient alors qu'à leurs balbutiements.

Alors, 10 ans plus tard, que s'est-il passé ? Il s'est passé *les médias* et leur course effrénée au buzz et au sensationnalisme racoleur. Des médias complètement dévorés par l'obsession maladive et malsaine du buzz et du sensationnalisme. Jusqu'à l'ivresse. Et c'est là qu'interviennent les réseaux antisociaux, ou asociaux (ou les 2 à la fois), qui propulsent ainsi leur pouvoir à un niveau qui crève le plafond. Les 2 combinés, c'est l'explosion. Comme une pastille de Mentos qu'on mettrait dans une bouteille de Coca-Cola (Aïe, je fais de la pub gratuite… ça fonctionne aussi avec le Pepsi ?). Une déferlante d'hystérie collective pour tout et n'importe quoi. Une goutte d'eau devient un raz de marée. Le niveau intellect de la population semble chuter jour après jour, de façon vertigineuse, et ne semble pas vouloir s'arrêter de tomber toujours plus bas. Un petit peu comme dans le film *Idiocracy*, où un soldat au niveau intellect moyen se réveille, suite à un accident de chambre cryogénique, 500 ans plus tard pour se rendre compte qu'il est désormais – *de loin* – l'homme le plus intelligent du monde. Non pas qu'il soit devenu plus intelligent, mais l'intellect de la population de ce futur d'anticipation frisait désormais le QI d'une mouche. Aujourd'hui, les gens photographient leur assiette, ils se font renverser dans la rue ou tombent d'un ravin pour prendre un « selfie », ils font même des photos de leurs pieds. Oui. Chose surprenante, j'avais inventé ce concept dans une nouvelle écrite en 2014 pour justement me moquer de ces « selfies » immondes, j'avais nommé ça « shoesies », c'était censé être absurde… Censé. Aujourd'hui, c'est devenu insensé. Affligeant, même. Le narcissisme est devenu à la mode. La médiocrité est devenue tendance.

## Régime Autoritaire ? Régime Totalitaire ? Les deux !

Régime politique autoritaire : *Un régime politique autoritaire est un régime politique qui par divers moyens (propagande, encadrement de la population, répression) cherche la soumission et l'obéissance de la société.*

~ Source : *Wikipédia*

Régime politique autoritaire : *Un régime autoritaire est un régime politique caractérisé par le refus de tolérer l'expression publique de désaccords politiques importants.*

~ Source : *Cours-de-droit.net, Dictionnaire de Science Politique*

J'ai déjà défini le régime totalitaire dans le précédent chapitre, celui qui non seulement s'octroie le droit de réprimer l'individu dans l'espace public, mais également dans sa sphère privée jusqu'à lui imposer une façon de penser. Depuis le mois de mars 2020, nous avons donc basculé dans un régime totalitaire quasi mondial et, peu importe le prétexte, *nous sommes dans un régime totalitaire*, ce n'est désormais plus de la (science-)fiction. Il n'y a plus lieu de tergiverser là-dessus, c'est un fait. Si vous avez encore le moindre doute là-dessus, je vous invite vivement à (re)lire le chapitre précédent, car dès l'instant où le pouvoir en place s'invite dans la sphère publique ET privée – et il le fait allègrement – il s'agit d'un régime totalitaire. Le président philippin a même suggéré de, je cite, « *tirer à vue* » sur les subversifs qui oseraient braver le nouveau régime dictatorial mis en place. Mais le monde s'en fout, certains applaudissaient même…

En voulant « sauver » la vie des gens de cette « terrible » maladie (sic), on les plonge ainsi dans une horreur encore plus profonde que la maladie elle-même, on les plonge dans un monde totalitaire où nous sommes appréhendés, sanctionnés, malmenés pour avoir mis un pied dehors, où les gens font faillite et s'enfoncent dans la pauvreté, le désespoir et la précarité. Tout ceci pour quoi ? Pour sauver *hypothétiquement* des vies. « Hypothétiquement », car l'efficacité de cette « Loi Martiale » reste extrêmement hasardeuse et de plus en plus controversée parmi un nombre croissant d'experts et de scientifiques de tous horizons. L'intention est louable, certes. Mais la véritable intention ne serait-elle pas plutôt qu'ils ne veulent pas être tenus pour responsables si les choses devaient *hypothétiquement* déraper ? Personne ne veut porter le chapeau.

Alors, les autorités tantôt nous menacent, tantôt nous rassurent. Nous devons obéir. Le maître d'école a parlé. Point.

## Les médias et les réseaux antisociaux sont des armes de potentielle destruction massive !

J'accuse les médias et les réseaux antisociaux d'avoir créé cette situation. Du moins, d'en être responsables. Pas consciemment bien entendu, car je vois déjà arriver les mauvaises langues venir m'accuser, en se gargarisant, de complotisme tout en déformant mes paroles, en les sortant de leur contexte ou en les interprétant selon leurs fantasmes aléatoires. Les médias et les réseaux antisociaux tels Fakebook, Twitter, Instagram, Truc à gramme ou au kilogramme et autres, portent pleinement la responsabilité non pas de cette crise, car le mot est trop faible, mais de cette catastrophe planétaire. Je ne vise pas un média en particulier, je vise les médias en général, et les médias *du monde entier*, puisque mondialisation oblige.

Tout commence donc avec un petit virus en provenance de Chine (pour changer…). Un virus dont environs 99 % des personnes infectées ne présentent que très peu de symptômes voire aucun (les fameux « porteurs sains ») et dont les principales victimes sont des personnes en état de faiblesse, déjà malades, des personnes âgées ou obèses. Les autres cas étant plus de l'ordre d'« exceptions ». Et forcément, dans une population comptant des millions de personnes (ou milliards à l'échelle mondiale), il y a en a un grand nombre de ces exceptions.

Des dizaines de milliers de gens meurent chaque jour dans le monde depuis que le monde est monde, ils n'ont pas attendu le Corona machin pour mourir. Personne ne s'en est jamais soucié pour autant. On n'entendait pas à chaque heure du jour le rituel du décompte macabre : « *Il y a x nombre de morts aujourd'hui dans le monde.* » Pourtant, statistiquement, 156 000 personnes meurent CHAQUE JOUR (En Belgique, il y a une moyenne de 110 000 morts par an et 300 par jour, toutes causes confondues. *Source : statbel.fgov.be.* En France, ce chiffre s'élevait à 612 000 en 2019, ce qui fait une moyenne de 1 676 par jour. *Source : insee.fr.* Ceci n'est bien sûr qu'une moyenne sur une année, lors des épidémies de grippe, ce chiffre est probablement bien plus élevé encore). D'après Denis Agret, médecin urgentiste et directeur de l'information médicale à Montpellier : « *On n'a jamais traqué autant un microbe. Si l'an prochain, on se met à tester tous les patients qui ont de la fièvre et qui ont des courbatures ou qui toussent… avec le test de la grippe, alors vous verrez le nombre de cas et de décès "liés" à la grippe grimper !* » Et soudain, on vient nous reprocher avec un air hautain pleinement accusateur : « *Mais des gens meurent !* » C'est triste, très triste, mais pourquoi ne s'en souciaient-ils pas l'année passée, l'année d'avant ? Vont-ils aussi blâmer le monde parce qu'une personne est décédée de la grippe et que s'ils avaient pris des mesures drastiques comme celles pour ce Covid, cela aurait pu être évité ? Vont-ils blâmer le monde parce qu'un proche est décédé d'un cancer dû au tabagisme et que cela aurait pu être évité en interdisant par exemple le tabac ? Il faut relativiser un petit peu et penser avec sa tête plutôt que de suivre aveuglément cette « dictature de l'émotionnel » irrationnelle qui fait fureur et qui sévit partout sur la planète depuis quelques années déjà ! 57 millions de gens meurent chaque année dans le monde ! Tous ces gens morts d'accidents, du cancer, de la grippe ou de n'importe quoi d'autre ont-ils donc moins de valeur que ceux morts de ce Covid ? N'ont-ils pas droit, eux aussi, d'avoir leur mort médiatisée ? Vous me direz sans doute, les morts, ils s'en fichent ! Les morts peut-être, mais leurs proches ? Oui, c'est une pandémie, un évènement planétaire, etc., c'est normal d'en parler. Mais à ce point-là ? La grippe, c'est aussi planétaire, et lors des pics de décès, on ne voit pas pour autant des images sinistres de cercueils défiler à longueur de journée sur nos écrans. Il est impossible et inhumain de se soucier de chaque personne décédée dans le monde sans en perdre la raison. L'humain doit prendre du recul, sinon il se pend devant une telle détresse. Prendre du recul est essentiel pour rester sain d'esprit, car la mort, elle, elle est là, elle nous attend tous. Nous sommes tous des morts en sursis. Ah, il ne fallait pas dire ça… c'est macabre. Oups, désolé.

C'est l'occasion de rappeler qu'en Belgique, environ 25 000 personnes décèdent chaque année des suites d'un cancer et 60 000 nouveaux cas sont diagnostiqués (*Source : cancer.be, asblcancer7000.be*). En France, en 2018, on a estimé à 382 000 le nombre de nouveaux cas et 157 400 décès liés au cancer (*Source : fondation-arc.org*). En 2019, il y a eu en Belgique une moyenne de 74 morts du cancer par jour et 174 nouveaux cas diagnostiqués. Mais eux, ils meurent dans l'anonymat.

Alors, comment en est-on arrivé à cette situation absurde ? Ce virus, qui est pourtant très loin d'être le pire que l'humanité ait connu, fait des morts, il passe les frontières et c'est là que les médias s'emparent de l'affaire. La puissance des réseaux antisociaux aidant, l'évènement prend de l'ampleur : les gens commencent à paniquer. La panique génère naturellement plus de couverture médiatique, histoire de bien surfer sur la vague, oups, je voulais dire pour répondre aux besoins de la population. Sans surprise, la panique s'amplifie encore d'un cran. C'est logique, les médias ne font plus que parler de ça. Comment ne pas paniquer ? Si c'est dans les médias, c'est qu'il y a une bonne raison. Non ? Alors on panique, alors on panique comme disait Maestro. Ah non, pardon, lui il danse… Ce sont les médias qui dansent, qui jouissent, qui se gargarisent. Ils sont aux aguets, ils fulminent, c'est leur heure de gloire, ils deviennent (encore plus) incontournables. Plus les médias agitent la population, plus celle-ci panique et plus celle-ci panique, plus les médias surenchérissent. Et puis, le gouvernement entre dans la danse, euh, non, pardon, dans l'équation, pour répondre encore une fois à la peur de la population. Ils doivent prendre des mesures afin de rassurer celle-ci. Mais l'effet est vicieux, car il ne fait que renforcer encore plus la peur. Une peur dont les médias profitent encore une fois pour se rendre indispensables. C'est le contrôle par la peur, volontaire ou pas. On nous matraque l'esprit avec le nombre de morts depuis plusieurs mois, jour après jour, heure après heure. Notre inconscient est occupé en permanence avec la peur de la mort. Au fur et à mesure, on en arrive à nous priver de nos droits et libertés fondamentales avec l'assentiment d'une population effrayée et résignée qui accepte tout… et en redemande même encore plus. Une population complètement soumise à la peur, conditionnée jusqu'à la moelle. Rien ne semble suffisant pour les rassurer. C'est comme une autorité absolue, une autorité à laquelle on obéit sans se poser de questions, de façon spontanée, à la limite du fanatisme. Au Moyen Âge, on agitait le spectre de la damnation éternelle, du diable, toute remise en question valait le bûcher. Aujourd'hui, on remplace le diable par le Corona. Le niveau de panique est tel qu'il relève presque de la psychiatrie. Et n'oublions pas non plus le show macabre quotidien des cercueils qui défilent. Mais comme si ce n'était pas suffisant déjà, le monde cherche systématiquement un coupable à ses malheurs. Alors, la « *culture du bouc émissaire* » rentre elle aussi en jeu, puisqu'à l'heure actuelle, plus personne ne veut prendre le risque d'être accusé de négligence. On surenchérit d'un cran : on impose des mesures radicales et c'est terminé. Peu importe si, au passage, les solutions sont encore plus dévastatrices que le problème lui-même. Nous y voilà. Le contrôle par la peur. Le Régime Totalitaire de Belgique, de France, d'Italie, d'Espagne… Comment les gens pourraient-ils prendre du recul ? Même la plus raisonnable personne commencerait à paniquer. Les gens ne sont plus capables de raisonner, la peur générée par le matraquage médiatique a pris le dessus.

Vous, les médias, je vous accuse d'avoir généré, entretenu et amplifié cette peur à cause de votre obsession obscène et morbide pour le buzz, le catastrophisme et le sensationnalisme émotionnel à outrance. Vous êtes à présent les rois du monde. BRAVO. Vous nous servez du Corona du réveil jusqu'au coucher en insistant bien 10 fois par jour sur le fameux bilan journalier. Bilan dont on sait très bien qu'il est gonflé artificiellement par les fameux cas « suspects ». Le fait est que dans votre décompte, vous ne faites pas la différence entre les décès « DU » Corona et les décès « AVEC » le Corona. Non plus vous ne mentionnez le fait qu'une grande majorité de vos statistiques sont remplies de gens dont l'état de santé ne leur aurait pas permis de vivre plus longtemps, avec ou sans Corona. Beaucoup seraient morts de toute façon, je n'invente rien ici, mais ceci, on ne peut pas le dire. C'est « moche » de dire ça, c'est tabou, ça dérange. Je suis un insensible, on me dit. C'est « drôle » de dire ça à quelqu'un d'hypersensible comme moi, vraiment. C'est justement cette hypersensibilité qui me permet d'avoir plus de clairvoyance, d'avoir un ressenti de la situation beaucoup plus aiguisé que la moyenne. Vous, les médias, vous ne mettez rien en perspective. À vous entendre, c'est l'Apocalypse de zombies, c'est la Peste, c'est Ebola, c'est le Choléra… Non, c'est juste un petit virus dont 99 % des infectés ne présentent que les symptômes d'un petit rhume voire d'une petite grippe (oui, oui, je sais, Bolsonaro dit la même chose). À vous entendre, on se tirerait une balle dans la tête directement. Vous êtes des criminels, des irresponsables et, comble du comble, vous accusez allègrement vos opposants de ces mêmes qualificatifs peu flatteurs. Dans vos infos, jamais vous ne laissez la parole à des gens dont le discours ne va pas dans votre sens, dans le sens de la « *pensée réglementaire* ». Ou si peu, histoire de justifier que vous publiez des avis divergents, en prenant bien soin de prendre une phrase hors contexte. En prenant bien soin de les démolir par après grâce à vos nouvelles stars, vos pseudos « experts » via des petites phrases assassines manipulatrices. J'appelle cela de la censure sournoise. Vous monopolisez la parole des « pro-dictature », les contestataires n'ont aucune couverture médiatique ou si peu qu'ils semblent n'être là que pour pouvoir vous servir de justificatif pour ne pas être accusés d'être « partisans ». On qualifie ainsi tout avis contraire à la pensée réglementaire de « complotisme » ou « HOAX » ou encore « fake news ». On CENSURE sous prétexte de « *dangerosité de propos* ». Comme en Chine, où il est interdit d'avoir une opinion qui n'est pas approuvée par le régime. Certains profs voudraient ainsi l'obligation de « recadrer » tous les élèves ne partageant pas « l'opinion officielle ». Comme en Chine, encore une fois. Chine d'où vient le virus et qui aujourd'hui arrive en grand sauveur en nous envoyant les fameux masques d'Halloween. On « crée » le problème et puis on arrive en sauveur. Un grand classique. Oh, ne me faites pas dire ce que je n'ai pas dit, je vous vois venir avec vos grands sabots, les petits donneurs de leçons. Je n'ai pas dit que la Dictature Impopulaire de Chine avait créé et répandu le virus intentionnellement afin d'accroître sa puissance dans le monde une fois qu'elle se serait remise et que le reste du monde serait toujours KO. Mais ça ne m'étonnerait pas si c'était le cas. Juste ça, je ne serais pas étonné, sachant que pour une dictature, la vie individuelle n'a aucune valeur, seuls comptent le régime, l'idéologie et la collectivité.

La Dictature Impopulaire de Chine censure tout opposant au régime, eh bien, dans le nouveau Régime Totalitaire de Belgique et de France, voire quasi mondial, c'est pareil. Ce sont même les sociétés privées qui se chargent du sale boulot à la place du gouvernement, comme Amazon, Fakebook, Twitter, YouTube… sans oublier les médias d'infos qui ne publient jamais d'articles à charge du gouvernement et ses mesures totalitaires. Certains réseaux antisociaux comme ceux cités plus haut commencent déjà à pratiquer la censure des contestataires. Censurer toute contestation sous prétexte de « danger » est aussi un signe puissant de fascisme et encore plus dangereux que ce qu'ils croient censurer. On prétexte la « Fake News » (Merci Trump… Attention, ceci est de l'ironie, sait-on jamais, aujourd'hui il faut tout préciser) pour censurer toute opinion contraire à la pensée réglementaire. Oui, il y en a aussi, des « vraies » fake news (sic), je ne dis pas le contraire. J'ai envoyé le premier chapitre de ce livre, sous forme de « billet/tribune » à une bonne vingtaine de sites d'infos, AUCUN n'a daigné me répondre, pas même un accusé de réception ! Seule une maison d'édition, JDH Éditions, a répondu favorablement. Maison d'édition qui a elle-même subi le courroux de la censure sanitaire pour son livre *Coronavirus, la dictature sanitaire* sur de nombreuses plateformes, dont le fameux site d'Amazonie.

## La Politique de la peur.

La Politique de la peur : *La Politique de la peur est une expression qui désigne la politique d'un gouvernement qui utilise la peur collective de la population pour faire adopter des mesures réduisant les libertés individuelles. Certaines associations de défense des droits de l'homme décrivent la politique de la peur comme utilisant un discours alarmiste afin de justifier ainsi l'adoption de mesures disproportionnées, dont le résultat serait le contrôle des populations que ces mesures étaient censées protéger.*

~ Source : *Wikipédia*

*« Celui qui contrôle la peur des gens devient le maître de leur âme. »*

~ Machiavel, *Le Prince*

J'entends dire : « *la quasi-totalité de l'opinion publique était en faveur de telles mesures...* » Ah bon ? C'est curieux, je n'ai pas été consulté sur le sujet... En tout cas, c'est ce qu'ils essayent de nous faire croire en n'interrogeant (et en ne relayant que ceux-là) que des personnes ayant la même opinion et en laissant les autres sur le carreau, comme d'habitude. Mais encore, avec la « *Politique de la peur* » et la « *Stratégie du choc* », les gouvernements peuvent faire passer n'importe quoi à la population : ils seront d'accord, car ils sont morts de trouille. Ils profitent ainsi d'un choc psychologique, d'un désastre pour imposer des mesures inacceptables en temps normal. Alors, ils diront que la population était d'accord. Et elle l'était... d'une certaine manière, puisqu'elle a été conditionnée pour avoir peur et accepter l'inacceptable. Manipulation de l'opinion publique ? Rien de neuf… Les journaleux prennent toujours bien soin d'insérer un mot ou l'autre dans une phrase qui, inconsciemment, oriente l'opinion publique. Ce n'est pas nouveau. Peu importe le sujet, c'est le quotidien et une personne non avertie n'y fera sans doute pas attention. La neutralité journalistique est un concept décidément bien obsolète… pour autant qu'elle ait seulement existé un jour. Démolir les propos de personnes qui ne sont pas en phase avec la pensée réglementaire, mots assassins insérés ci et là, phrases hors contexte, c'est sournois et très efficace. Vous voyez, ils ont réussi le coup de force de nous mettre sous tutelle – *volontaire !* – sous un régime totalitaire en l'espace de quelques semaines seulement ! Encore fin février 2020, ça aurait été inimaginable. Mais c'est bien arrivé.

« *AU NOM DE LA PEUR, le président vous a privé de votre plus simple liberté : marcher un peu loin de chez vous, faire du vélo un peu loin aussi, aller en montagne ou à la mer, à la plage, faire de la planche à voile ou du surf… Où est le danger par rapport à ce virus dans de telles activités ? Aucun. Et pourtant, on ne vous rend pas votre liberté ! Oui, la simple liberté à laquelle tout être humain a droit sur notre planète ! Vous êtes en liberté conditionnelle, si vous dépassez 100 km : amende, si vous allez sur la plage ou à la montagne : amende…* » (Source : *Au nom de LA PEUR… d'un virus, au nom de LA PEUR de la MORT !*, lettre ouverte du Dr Denis Agret.)

Ces journaleux de pacotille ne cessent de se gargariser avec leurs statistiques de « soins intensifs ». C'est spectaculaire, ça fait peur, on tient les gens en laisse. Presque littéralement, même. Mais la plupart des soins intensifs dans les hôpitaux en dehors des grandes villes sont quasi vides, ils oublient – volontairement ? – de le dire, ça. Les gens sont même soignés plus rapidement que d'habitude. Ce n'est pas moi qui le dis, ce sont de nombreux intervenants du milieu médical qui le disent. Des témoins directs. Les fameux « héros » de « première ligne », du « front », ne font que leur travail. Eux, ils ont encore la chance de le faire, leur travail. Je le dis, mais je le répète, car ceci ne vient pas de moi, ça sort de la bouche de médecins ! Des témoignages édifiants. Heureusement que certains (rares) médias publient encore de temps en temps tout de même des avis divergents. Tous les médias ne sont pas à mettre dans le même sac, bien entendu. Tout n'est pas blanc ou noir. Lorsque j'accuse les médias, j'accuse surtout une « tendance » qui se ressent principalement dans les médias dits « de premier plan ». Et tout comme les médias, certains intervenants du milieu hospitalier abusent donc et profitent de la peur irraisonnée de la population pour se mettre sur un piédestal, gonfler leur ego en se prenant pour des stars, en entretenant et alimentant cette peur. C'est normal, ils se sentent valorisés, ce sont des héros, des stars, ils ne veulent pas retomber dans l'anonymat. D'après le Dr Laurence Peignot, médecin généraliste à Paris :

« *Il y a un décalage entre ce que rapportent certains médias et la réalité du terrain. Les internes que je côtoie me racontent leur stage hospitalier : les services qui ont été réorganisés pour accueillir les patients atteints du Covid ont été pleins durant deux ou trois semaines, au plus fort de la vague. Mais, depuis un mois, ce n'est plus du tout le cas. Les urgences sont désertes ; en tout cas, ceux qui, parmi mes patients, y ont fait un passage ont été traités plus rapidement que jamais.* » Et de rajouter : « *Je déplore que certains médecins exagèrent en leur faveur la situation réelle dans les hôpitaux pour renforcer leur pouvoir, leur ego, et obtenir un intéressement financier.* » (*Source : lepoint.fr, 10-05-2020*)

Quant à ces « héros » acclamés tous les soirs, ils sont rejetés par beaucoup, les voisins, les « coloc's », la famille, à cause de la peur que les nouvelles stars intouchables des médias – les fameux « experts » – continuent à entretenir. Abreuvés par leur dose quotidienne de ce film catastrophe de série Z de (très) mauvaise qualité, *The Corona Terror*, réalisé par « Alan Smithee », et ressemblant à une sitcom post apocalyptique, les gens perdent contact avec la réalité et deviennent abjects, immondes, nauséabonds. Ça part dans tous les sens. Le monde part dans tous les sens.

## Dictature sanitaire, dictature des « experts » ?

Que dire de ces fameux « experts » qui débarquent triomphants sur les plateaux de TV, le regard hautain, déterminé, jubilatoire tels des stars présentant leur nouveau méga show au succès international ? Encore un peu et ils ressembleraient à ces célèbres télévangélistes qui sévissent sur les chaînes américaines, tant du Nord que du Sud. Ces infâmes « experts » qu'on voit quasi en permanence sur tous les plateaux de TV, vous êtes-vous déjà posé la question de savoir quand est-ce qu'ils travaillaient réellement ? On peut se le demander. Dès l'instant où on allume la télévision ou une radio, ils sont là. À part faire leur show, que font-ils exactement ? Ils décident du sort de toute une population. Ce sont les nouveaux gouverneurs du monde. Ils ont peut-être bien leur domaine d'expertise, mais sont-ils qualifiés pour ainsi décider du sort d'un pays tout entier ? Permettez-moi d'en douter. On les entend régulièrement dire des phrases du genre « j'envisagerais peut-être » telle ou telle chose qui va décider du sort de centaines de milliers, voire de millions de gens. Mais pour qui se prennent-ils donc ? De véritables despotes sans la moindre légitimité pour décider du sort d'une nation. Qu'ont-ils donc comme légitimité pour ainsi décider de notre sort ? J'espère que les générations futures les jugeront comme les criminels qu'ils sont ! Des irresponsables prétentieux et arrogants qui profitent d'un virus pour gagner un pouvoir suprême sur une population entière qui leur est soumise inconditionnellement et qui leur obéit au doigt et à l'œil ! Le monde, les médias et la population leur mangent pour ainsi dire dans la main ! J'ai toujours été en faveur de la démarche scientifique, mais à chacun sa place !

## La déconfiture et les cadeaux ! Chouette !

Cette situation arrive également en fin de période épidémique de la grippe dite « saisonnière », et donc toute personne victime de cette grippe, ou même d'un rhume, mais portant également le Corona de façon « asymptomatique » sera cataloguée « Corona ». Et hop là, on gonfle encore un peu les statistiques. N'oublions pas non plus que le printemps, c'est la pleine période des allergies au pollen… C'est sûrement à cause du Corona aussi, ça. Allons-y gaiement. On fait peur, puis on rassure. Et puis on donne un os à ronger de temps en temps pour faire passer la pilule, je fais référence à la déconfiture. Ah non, pardon, le « déconfinement ». Désolé, je m'emballe. Pour ma défense, c'est un mot qui n'existe pas au dictionnaire, c'est pour ça. Ils nous font donc un grand « cadeau », avec un grand sourire, une faveur géniale. On a le droit de voir 4 personnes. Allez ! Je répète : « *On a le droit de voir 4 personnes* », faites bien résonner ça dans votre tête – on a *l'autorisation* de voir 4 personnes. Et réfléchissez-y, réfléchissez bien à ce que cela implique. Comme le répète à raison la surdouée Naomi Seibt « *I don't want you to panic, I want you to think* » (Je ne veux pas que vous paniquiez, je veux que vous réfléchissiez). 4 personnes. Mais toujours les mêmes, attention. Ils veulent donc nous obliger à faire un choix, ainsi à mettre une sorte d'échelle de valeurs sur les gens, en les mettant dans des catégories (telle personne est mieux qu'une autre, etc.). Comme des petits enfants qui doivent choisir qui sont leurs meilleurs amis… Immonde et abject. On nous infantilise, on nous prend pour des cons, je ne supporte plus ce monde de dégénérés ! Et les gens acceptent, ils disent AMEN en chœur, eh bien oui, on leur fait un « cadeau », ils peuvent voir 4 personnes, dites donc. On va devoir choisir nos favoris, voilà. Imaginez les parents qui ont leur enfant favori, eh bien ce sera comme ça à grande échelle, imposé par la Kommandantur 2020. Et les laissés-pour-compte de ce calcul immonde, ils n'ont qu'à aller se faire f… Surréaliste.

Mais en fait, avec tout ça, où sont donc les autres infos ? On ne sait plus rien du reste de l'actualité, les feux dans la forêt de Tchernobyl, les migrants à la frontière gréco-turque… les feux en Australie… Il n'y a plus que le grand méchant Corona qui va tous venir nous manger. Et rien d'autre. On mange Corona, on boit Corona, on respire Corona, on se lave Corona, on pisse Corona, on chie Corona, on baise Corona… ah non, pardon, la bourde, c'est interdit, ça ! Le contact physique est strictement INTERDIT. Attention, la Gestapo 2020 va venir me chercher. Ils ont les « pleins pouvoirs », après tout, ils peuvent, sans mandat.

Est-ce la 3ème Guerre mondiale ? Car ce « confit » (sic) est bien mondial. Mais est-ce un conflit ? Ou est-il déconfit ? En tout cas, le Macaron français, lui, le sait : c'est la guerre ! Contre quoi ? La connerie ? Pardon, la « Coronerie ». Enfin, vous voyez.

Tous ces PANTINS me donnent *la nausée*. Les ministres eux-mêmes ne sont que les pantins d'un système et avec eux la Kommandantur 2020 et ses agents, la Gestapo 2020. Ils se croient tous obligés de partager et d'imposer au monde leur obsession paranoïaque : la Corona Paranoïa, le Corona Fascisme. Nauséabond. (Alors, quand allez-vous me sortir le fameux point Godwin ?) Ces « Corona fachos », comme je les appelle, ne cessent de nous marteler le cerveau de leur raisonnement vomitif « *c'est pour votre bien* ». C'est exactement ce que tous les tortionnaires idéologiques disent dans le monde ! Pour moi, il s'agit ni plus ni moins d'un crime contre l'humanité. Les vies perdues et gâchées *à cause* du Corona seront bien plus élevées que celles *du* Corona. Aucun doute là-dessus. Une civilisation qui préfère vivre à genoux et mourir en bonne santé ne mérite sans doute rien de mieux, finalement. Mais pour ma part, je préfère mourir debout que de vivre à genoux, comme le disait Charb (paix soit sur lui !). Jamais je ne me soumettrai. Jamais. Fusillez-moi donc, comme vos modèles de l'an 1940. Fusillez-moi, vous me rendrez service, car ce monde là, je ne veux plus y vivre, ce n'est plus mon monde, je ne m'y retrouve plus, je ne le reconnais plus, je ne reconnais plus les gens, je ne reconnais plus ce pays, je ne reconnais plus ce monde. Ce n'est plus le mien, je m'y sens comme un étranger abasourdi par tant de bêtise. Votre monde, cette dictature policière applaudie par les pantins populaires, il me donne la nausée. Tous ces gens abreuvés et gavés jusqu'à l'indigestion par le catastrophisme sensationnaliste des médias me dégoûtent au plus haut point. Et le pire, c'est encore qu'ils se permettent de nous donner des leçons de morale !

Ce n'est pas tant le fait d'être bloqué qui me tue ou me dérange, c'est la perspective d'avenir dans une société qui a ainsi bradé ses droits et convictions les plus chères en un claquement de doigts, c'est de vivre parmi cette population de pantins qui m'est insupportable. C'est aussi le fait de nous l'imposer sans nous laisser le choix, comme à des petits enfants à qui on ordonnerait d'obéir, sous peine de recevoir une grosse punition, en n'oubliant pas de parler du Grand Méchant Loup qui rôde dehors et qui va venir nous manger si nous ne sommes pas sages. Si le danger était réel comme la Peste, l'Ebola ou des épidémies de cet acabit, je dirais encore, mais là, une maladie dont 99 % des personnes infectées ne présentent aucun ou quasi aucun symptômes, tout au plus les symptômes d'un rhume ? Ridicule. Il suffit de prendre un minimum de précautions, de faire appel au bon sens de la population plutôt que de jouer aux dictateurs. Mais, comme toujours, il y a abus, il y a excès de zèle, c'est soit blanc, soit noir. Le juste milieu est une notion qui semble elle aussi obsolète. J'ai vu des gens comparer ce virus à une « invasion mongole », le siège d'une ville et autres absurdités du style. Se rendent-ils compte de l'énormité de ce qu'ils disent ? Du ridicule de leurs propos ? Encore une fois, si c'était Ebola ou la Peste, je dirais encore… S'ils veulent rester chez eux, qu'ils y restent donc, chez eux, s'ils veulent s'affubler d'un masque ridicule, qu'ils le fassent donc. Mais qu'ils n'imposent pas leur paranoïa à l'ensemble de la population !

Et à propos de leurs fameuses distances asociales dont ils nous martèlent les tympans à longueur de temps : il n'y a de risque de transmission que si nous commençons à discuter avec quelqu'un. Passer à côté de quelqu'un ne comporte AUCUN risque, car, qui plus est, il faut une certaine quantité de ce « virus » pour le transmettre, même à 50 cm. Je transmets ici les paroles (désinfectées) des « super » experts…

## Pas de « muselière », pas d'entrée ! Chantage discriminatoire ?

Alors maintenant, en échange d'une fraction de nos droits fondamentaux, on gagne une place au bal masqué. On troque ainsi les droits élémentaires humains qu'on nous a volés avec un chantage ignoble : pas de masque, pas d'entrée dans certains lieux comme les magasins, les transports en commun, les coiffeurs, dans les rues commerçantes et j'en passe. La commune où je vis est ainsi dirigée par un despote zélé qui n'en rate pas une pour surfer sur tous les populismes en vigueur, du populisme climatique au populisme sanitaire. Alors que le port de la « muselière sanitaire » est simplement recommandé par les autorités fédérales, lui, il outrepasse ses droits en la rendant obligatoire dans tous les commerces de sa commune et dans toutes les rues commerçantes, sous peine d'une amende de 250 €. Rien que ça. La police des mœurs veille au grain : policiers et vigiles sillonnent le secteur en permanence et des panneaux sont placardés à tous les niveaux, à tous les coins de rue et même en bandoulières géantes au-dessus des rues. Si vous n'avez pas de voiture pour sortir du ghetto, vous pouvez crever. Et si en plus vous avez le malheur d'habiter la zone, vous êtes interdit de sortie. Soumettez-vous ou crevez, le message est clair ! Me serais-je téléporté en Corée du Nord ??

Ces masques d'Halloween sont véritablement devenus le symbole de la soumission à la dictature sanitaire. Une véritable muselière, au sens propre comme au figuré. Un jour, ils disent tous en chœur (experts y compris) que ça ne sert strictement à rien, un autre jour, ils veulent nous l'imposer sous peine de représailles pseudo légales (en sachant que la loi belge interdit de se masquer le visage en public : loi du 1.06.2011, Article 563bis). Une véritable « mascarade » ! Bientôt, on nous imposera le scaphandre ou pourquoi pas la burqa ! Les islamistes doivent jouir en ce moment. Encore un peu, on se croirait sous la charia.

Quant à respirer votre propre $CO_2$ en permanence toute la journée – parce qu'avec ce masque, c'est ce qu'il se passe – que pensez-vous que cela puisse faire comme dégâts sur votre santé ? Ce même fameux $CO_2$ avec lequel les despotes du climat nous bassinent les oreilles depuis des années. Saviez-vous que, chaque seconde, la respiration des quelque 65 millions de Français rejette dans l'atmosphère 667 kg de $CO_2$ par le simple fait de leur respiration ? Cela représente des émissions de $CO_2$ de 20 milliards de kilos par an. (*Source : planetoscope.com*) Voici un petit calcul assez interpellant pour que vous compreniez bien ce que tout ceci implique pour votre santé :

➢ Sachant qu'un humain exhale un peu moins de 1 kg de $CO_2$ par jour, que 1 litre d'essence produit environ 2,34 kg de $CO_2$, la consommation de 0,43 litre d'essence équivaut donc à la respiration humaine sur 1 journée.

➢ Sachant qu'une voiture « standard » consomme en moyenne 7,18 litres pour parcourir une distance de 100 km, elle parcourra donc une distance de +/- 14 km par litre consommé. Pour 0,43 litre, ça fera une distance d'environ 6 km.

➢ Par conséquent, porter un masque sur une durée de 24 heures équivaudrait à respirer à plein nez le $CO_2$ du gaz d'échappement d'une voiture sur 6 km. Et à une vitesse moyenne de 50 km/h, ce serait comme garder votre nez dessus pendant environ 7 minutes.

Je vous laisse en tirer vos propres conclusions. (*Sources : fr.statista.com, econologie.com, crioux.wordpress.com, Wikipédia, planetoscope.com*) Et je ne parle même pas du fait que ces muselières sont également des nids à microbes…

Ils distribuent donc des masques, pourquoi ne pas déposer aussi une corde dans chaque boîte aux lettres des citoyens pour se pendre tant qu'ils y sont ? La mère d'une connaissance est ainsi rentrée en début de semaine à l'hôpital pour une chute dans l'escalier. Cette personne avait des problèmes de santé catastrophiques, elle faisait des séjours à l'hôpital 4 ou 5 fois par an. Par contre, elle ne présentait aucun symptôme relatif au Corona machin. On l'a remballée chez elle, car on a dit à sa fille « de toute façon, on ne la soignera pas, on ne fera rien ». Les vieux et les « causes perdues », ils peuvent crever. Une semaine après, elle est décédée et on lui a collé l'étiquette « sans doute » Corona. On continue la saga de la terreur, on continue de plonger la population dans un abîme d'effroi qui semble sans fin. Tel un puits dans lequel le croquemitaine jetterait les enfants issus d'un conte des frères Grimm.

Il m'est venue cette idée l'autre jour, pas plus folle qu'une autre. Puisque ce monde est devenu un vrai cirque à ciel ouvert et qu'on veut nous obliger à porter un masque, allons-y à fond. Portons tous un masque de clown ! Ils ne peuvent rien nous dire, puisque nous aurons un masque ! D'autant que leurs lois sont contradictoires : d'un côté, on nous l'impose, d'un autre, on nous l'interdit. Quitte à ressembler à un clown, autant assumer ! Non ? Devenons les « Clownymous » (Au fait, où sont donc les fameux « Anonymous » ?). Dehors, c'est le cirque, on ne sera pas dépaysés !

Toute cette hystérie autour des masques est tout de même bien étrange. Au début de l'épidémie, et même en plein « pic », ils s'accordaient tous en chœur pour dire que les masques ne servaient strictement à RIEN, sauf si vous étiez malades ou « soupçonnés » de l'être (ce mot n'est d'ailleurs pas anodin, vu que nous sommes tous des criminels potentiels libérés sous condition). Les experts du gouvernement, les politicards, les journaleux, les médecins, tous scandaient à qui mieux mieux que ces masques si chers à leur cœur aujourd'hui étaient INUTILES (sauf « en cas de », comme précisé plus haut). Et aujourd'hui, on nous menace des pires représailles si nous n'en portons pas ? De qui se moque-t-on ? De nous ! Non ? Si, si, Madame, Monsieur, on se fout de nous, de vous ! Aujourd'hui, la population réclame des masques comme dans la Dictature Impopulaire de Chine ou en Corée, alors on fait pareil. Ils doivent répondre à la peur panique de la population dont ils ont eux-mêmes été les artisans. On répond à la peur par la menace de représailles, par la force, par l'autorité, par plus de terreur encore. La Chine, ce modèle. Est-ce qu'on prendrait la population pour des simplets ? Pour des pantins ? (Ironie !)

La vérité, c'est que ces masques ne servent juste qu'à rassurer la population, une population que les politicards et les médias ont eux-mêmes effrayée jusqu'à la paranoïa et l'hystérie. Et pour ce faire, ils prennent en otage tous les citoyens avec leurs mesures liberticides, infantilisantes, aberrantes, totalitaires, abêtissantes et débilitantes. Le bon sens est mort depuis bien longtemps, il me semble. Le bon sens et la raison sont des concepts obsolètes, aujourd'hui. Seules comptent désormais la pression médiatique et l'hystérie causée par celle-ci.

Il faut faire tourner le commerce ! Quoi de mieux que la vente de masques pour faire tourner l'économie ? Et les finances de l'État, dans tout ça? Les « amendes » pour remplir les trous dans leurs caisses feront bien l'affaire ! 100 000 PV d'infractions dites de « cons » imposées de façon pas très « fine » en 2 mois en Belgique. Au tarif minimum de 250 €, ça rapporte, c'est le vrai jackpot ! Si on fait le calcul, au tarif minimal, ça nous fait un bon 25 millions d'euros ainsi volés aux honnêtes citoyens. Car ce n'est ni plus ni moins que du véritable racket en bande organisée ! De quoi renflouer les trous dans leurs caisses, tout ça ! En France, le pactole s'élève même à ce jour à près de 300 millions d'euros de PV *made in* « cons finis ». Mais quel monde immonde on nous prépare… On assiste à l'effondrement intellectuel de notre civilisation. Elle était déjà tombée bien bas, mais là, c'est en sous-sol qu'elle a élu domicile. Dernièrement, une femme a été traînée à terre pour s'être interposée face à la police qui voulait verbaliser une personne sans masque. Violentée et traînée à terre par ces agents représentants de l'autorité, elle sera accusée de rébellion. C'est le monde à l'envers ! Ce genre d'anecdote me met réellement en rage !!

L'autre jour j'ai dû aller chez le dentiste. J'en reste encore la bouche ouverte... Je parlais de mesures absurdes mais là nous sommes loin dans le surréalisme... Très loin. Le surréalisme belge ? Peut-être. Alors voilà, je sonne à la porte d'entrée de l'immeuble. Silence. Je recommence, plusieurs fois, avant que finalement la secrétaire "muselée" se décide enfin à venir me dire que *je dois rester dehors*. Pas de chaise pour moi qui souffre du dos et s'il pleut, tant pis pour moi aussi. Après 7 ou 8 minutes, le dentiste vient me chercher, il m'ouvre la porte et me sermonne parce que je ne porte pas la muselière "obligatoire" entre la porte d'entrée de l'immeuble et la porte de son cabinet située à... roulement de tambours... tadaaammmm... 2 mètres. Oui, vous lisez bien, je devais mettre une muselière pour faire 2 mètres dans le hall d'entrée de l'immeuble entre la porte d'entrée de l'immeuble (où nous étions seuls) et la porte de son cabinet. FRACASSANT !

Autre problématique : avec leurs masques, les voleurs et pickpockets vont s'en donner à cœur joie, puisqu'on ne pourra plus les reconnaître. Leurs caméras de sécurité si chères à leur cœur et au portefeuille, ils vont pouvoir les ranger… ou pas, elles serviront sans doute encore à traquer ces vilains subversifs qui ne porteraient pas leur masque de Carnaval. Ou d'Halloween.

La liberté, aujourd'hui, c'est comme la vie privée, ce sont des droits fondamentaux qui ont été bradés et mis en pièces. Revendus aux enchères sous forme de « cadeau », on nous fait ainsi croire qu'ils nous font une fleur en nous les rendant, au compte-goutte et sous conditions. Et seulement si on est bien sages (sinon, c'est la fessée).

## Les statistiques de la terreur, le conditionnement par la peur.

J'ai vu sur certaines pages Fakebook ou Twitter des administrateurs qui publiaient des statistiques de morts en fonction du nombre de leurs fans, en faisant la moyenne des morts de ce Covid Numéro 19 dans le monde. D'accord. Remettons donc un petit peu les choses en perspective, ça s'impose. Résumons, dans le monde, par an, il y a :

**+/- 57 000 000 de morts tout confondu, dont :**

- +/- 17 000 000 de morts de maladies dites infectieuses (toutes confondues).
- +/- 7 600 000 morts du cancer (tous types).
- +/- 7 000 000 morts dus au tabagisme.
- +/- 6 000 000 morts d'AVC.
- +/- 3 500 000 morts de sous-alimentation*.

  **D'après le site des Nations Unies, il y aurait même 25 000 morts par jour ! Source : un.org*
- Etc., etc. (*Source : Wikipédia*)

Prenons maintenant une page Fakebook qui fait +/- 700 000 abonnés. Compte tenu du fait que nous sommes un peu plus de 7 milliards sur Terre, divisons donc ces chiffres par 10 000. Nous arrivons donc à ces statistiques. Une page Fakebook de 700 000 abonnés aura « statistiquement » :

**+/- 5 700 morts par an (tout confondu), dont :**

- +/- 1 700 morts par de maladies dites infectieuses (toutes confondues).
- +/- 760 morts du cancer (tous types).
- +/- 700 morts dus au tabagisme.
- +/- 600 morts d'AVC.
- +/- 350 morts de sous-alimentation.

Ça fait peur, n'est-ce pas ? Stratégie de la peur ? Non, non… Morts du Covid Numéro 19, à ce jour : 300 000 (oui, oui, c'est pas définitif, ça va évoluer, blablabla). Donc, pour une page de 700 000 abonnés, cela fait : 30 morts, actuellement. Même en multipliant ce chiffre par 5, on est encore très loin des autres chiffres. Pourquoi les gens morts du Covid Numéro 19 ont-ils donc droit à une telle faveur ? Les 5 700 autres morts valent-ils moins à vos yeux messieurs et mesdames les administrateurs.trices ? Le matraquage médiatique est passé par là.

## Dictature sanitaire, dictature climatique, même combat ?

Il est intéressant de constater que toutes les idées à relents dictatoriales usent du même schéma pour imposer leurs vues. Or, les alarmistes du climat usent de ce même schéma, de cette même stratégie de la peur pour imposer leurs idées apocalyptiques. Ils voudraient ainsi nous imposer – et c'est déjà fait à de nombreux niveaux – des lois « climatiques » liberticides parce que : « *le danger climatique* ». Et j'insiste ici sur la différence majeure entre ce combat « climatique » et le combat légitime contre la pollution et le gaspillage des ressources (toutes confondues). Sans oublier ce que j'appelle la « vraie » écologie : cette écologie de la raison et du bon sens. Et certainement pas celle des petits despotes en culotte courte manifestant une canette de Coca à la main (qu'ils jetteront par terre une fois vide) en s'achetant un nouveau smartphone tous les 6 mois, la climatisation montée à 26 degrés en permanence chez eux toute l'année, le gaspillage des produits « périmés » (parce que « date dépassée »), et bien entendu leurs vacances à l'autre bout du monde 3 ou 4 fois par an. Le « climat », donc ? Un climat terrestre qui n'a eu de cesse de changer et d'évoluer tout au long de l'histoire de la planète. Mais, arrogants comme ils sont, ils pensent sans doute que ce climat doit à présent rester figé dans le temps pour leurs beaux yeux. Avec l'automobile comme bouc émissaire à tous les maux, bien entendu, ils agitent la population avec le spectre de l'apocalypse si on ne fait « rien ». Pourtant, les relevés de $CO_2$ avant la période de « Loi Martiale » et ceux mesurés pendant cette période ne présentent pas de différence majeure… Surprise. Ah, mais non, c'est parce qu'il y a d'autres paramètres. D'accord. Les paquebots de croisières *d'une seule société* ont émis en 2017 près de dix fois plus d'oxyde de soufre le long des côtes européennes que les 260 millions de voitures en Europe. Cette pollution causerait près de 60 000 décès prématurés par an selon l'ONG « Transport & Environment » (*Source : transportenvironment.org*). Je laisse cette info ici. Et puis, où sont-ils pour dénoncer et lutter contre la déforestation massive de la forêt amazonienne, le « Poumon de la Terre » ? Où sont-ils pour dénoncer les incendies criminels qui ravagent constamment les forêts de par le monde ? Ils sont sans doute trop occupés à culpabiliser le citoyen « lambda » pour les cotons-tiges, les sacs et pailles en plastique et la grande méchante automobile, bien entendu.

Pourquoi le monde a commencé à emballer les aliments au 20ème siècle, pensez-vous ? Pour l'hygiène ! Mais depuis que les petits despotes populistes « climateux » ont commencé à faire du foin, on a commencé à retirer les emballages. Après, eh bien, le virus s'en est donné à cœur joie. Ils s'en mordent les doigts, maintenant !

Alors voilà, l'avenir ne s'annonce pas très réjouissant, entre la dictature climatique qui se profile à l'horizon depuis quelques années et la nouvelle dictature sanitaire mise en place en quelques semaines à peine, nous sommes faits comme des rats.

## Le Coronenfer : une descente aux enfers… où l'enfer, c'est les autres.

*« Si les rapports avec autrui sont tordus, viciés, alors l'autre ne peut être que l'enfer. Pourquoi ? Parce que les autres sont, au fond, ce qu'il y a de plus important en nous-mêmes, pour notre propre connaissance de nous-mêmes. Quand nous pensons sur nous, quand nous essayons de nous connaître, au fond nous usons des connaissances que les autres ont déjà sur nous, nous nous jugeons avec les moyens que les autres ont, nous ont donné, de nous juger. Quoi que je dise sur moi, toujours le jugement d'autrui entre dedans. Quoi que je sente de moi, le jugement d'autrui entre dedans. Ce qui veut dire que, si mes rapports sont mauvais, je me mets dans la totale dépendance d'autrui et alors, en effet, je suis en enfer. Et il existe une quantité de gens dans le monde qui sont en enfer parce qu'ils dépendent trop du jugement d'autrui. Mais cela ne veut nullement dire qu'on ne puisse avoir d'autres rapports avec les autres, ça marque simplement l'importance capitale de tous les autres pour chacun de nous. »*

~ Sartre, *Commentaire sur le CD Huis Clos*, 1964.

Le rapport à l'autre est devenu vicié, intoxiqué, gangrené. Le choix du terme « distanciation sociale » est abject et pas anodin du tout. L'autre est ainsi considéré comme un être dont il faut se distancier, duquel il faut faire « barrière ». *Les gestes « barrières » pour se protéger de l'autre.* L'intention peut être louable (?), mais symboliquement, c'est ignoble. L'enfer est de ce fait pavé de bonnes intentions, dit-on aussi. Vade Retro Satana ? Faute de se soumettre, la société se chargera bien de nous le rappeler en nous culpabilisant au maximum qu'elle peut. Et si ça ne fonctionne toujours pas, ce sera les sanctions, amendes, puis la case prison. L'autre – nous – est également pris pour un petit enfant, un idiot, un simplet à qui on doit expliquer les gestes de base comme se laver les mains, fermer la cuvette des WC… La base de l'hygiène quoi. Comme si nous étions incapables de savoir comment nous laver les mains ou de savoir qu'il faut fermer la planche des WC avant de tirer la chasse. On nous abêtit, on nous infantilise. Pour mieux nous contrôler ? J'avais aussi relevé cette infantilisation nauséabonde sur Fakebook et, comme d'habitude, mes « amis » sont venus me traiter de tous les noms. Sans doute leur encéphalogramme avait-il connu une période de « platitude » … Tellement de gens m'ont déçu, tellement de gens apportent leur soutien à cet État policier, c'est hallucinant. Comment le monde a-t-il pu dégénérer à ce point ? Ce n'est pas de ce monde-là que je veux.

Même les gens les plus intelligents (ou du moins que je pensais être intelligents) semblent être complètement hypnotisés, incapables de (re)mettre les choses en perspective. Ils se laissent aller à l'emballement émotionnel « réglementaire », au lieu de prendre du recul et d'analyser les choses avec raison et bon sens. Mais encore une fois, à écouter les médias, comment ne pas devenir fou et se laisser aller comme eux à la paranoïa et à la désinformation en rajoutant des couches supplémentaires à la « propagande » ? On tient les gens par la peur et chacun rajoute sa couche à l'édifice. On nous pend au nez le spectre de la fameuse hypothétique « 2ème vague », et si jamais elle arrive effectivement, ce sera la faute à la déconfiture… mince, ma langue a fourché encore.

En Italie, 72 % de la population serait en faveur de la « dénonciation » (ce n'est pas de la délation, non, non, pas du tout. Il y a une différence, je ne sais pas laquelle, mais il y en a, paraît-il). Seraient-ce des relents de nostalgie de l'époque de Mussolini ? Une anecdote. Des ados jouaient à 3 sur un terrain de foot, ils n'étaient pas du tout les uns à côté des autres. Une voisine les a dénoncés et la Gestapo locale a rappliqué illico. Affublés d'un avertissement, ces pauvres jeunes gens ont dû quitter le terrain sans plus attendre. Et la Gestapo *made in Italy* est ainsi repartie sous les applaudissements des voisins… Elle est belle, l'évolution humaine.

À tous les gouvernements du monde qui privent ainsi les gens de leurs droits fondamentaux, je vous crache dessus. À tous les gens qui appliquent ces lois liberticides sans discernement, je vous crache dessus. À tous les gens qui dénoncent les subversifs, je vous crache dessus. À tous ceux qui viendront m'insulter pour avoir écrit ceci, je vous crache dessus.

J'avais prévenu que je ne serais pas tendre…

Alors, les Corona fachos, venez donc me fusiller, vous me rendrez service. Je ne veux plus vivre dans le même monde que vous. Vous montrerez ainsi quel genre de monstres vous êtes à l'intérieur, sous vos aspects de petits (z)héros donneurs de leçons.

Certains « intelligents », pour nous faire culpabiliser de ne pas accepter cette situation, comparent tout ceci à l'holocauste, à l'esclavage américain, à la peste noire, à la Grande Dépression… Ils disent, je cite : « Fermez votre gueule. » On n'a donc pas le droit de dénoncer une situation parce qu'il y a eu pire par le passé ? Je trouve ce type d'argumentaire et de discours extrêmement dangereux. Il y a eu pire, donc on doit laisser faire et « fermer sa gueule » ? Wow. Ça en dit long sur le niveau de conditionnement mental. Mais généralement, ce discours provient d'une Amérique qui veut donner le change face à un président souvent à côté de la plaque. Ils donnent le change, donc. Mais ça n'excuse pas leur manque de discernement global du problème. Je dirais que oui, il y a eu pire, la grippe espagnole, la peste, alors pour aller dans leur sens et parfaire leur raisonnement, pourquoi faire tout un plat de ce petit covid (sans majuscule) ? « *Fermez donc votre gueule* », les petits donneurs de leçons. Comment des gens censés être intelligents peuvent-ils faire de si gros amalgames, des raccourcis aussi énormes, dire de telles énormités ?

Les écoles deviennent comme des camps de prisonniers, des camps militaires, des camps de bagnards : on prend la température des gosses, on les cloisonne, on les muselle. L'autre devient l'ennemi public à n'approcher sous aucun prétexte. Un climat d'angoisse. Ils doivent se rendre à l'école en « silos », par petits groupes et n'ont pas le droit de fréquenter d'autres élèves que ceux de leur « groupe ». Au rythme d'un ou deux jours par semaine… Quel traumatisme pour ces enfants ?! Et les parents qui les agitent avec leur peur, les masques, la distance, les désinfectants, l'ambiance d'apocalypse… Est-ce là de la maltraitance infantile ? Ça y ressemble très fort, en tout cas. J'ai régulièrement entendu certains parents parler en ces termes de la réouverture des écoles : rouvrir les écoles reviendrait pour eux à envoyer leurs enfants « au purgatoire », « en enfer », « à la mort », « au cimetière ». Je proposerais plutôt d'ouvrir de nouveaux centres psychiatriques pour y envoyer ces parents. J'aurais des enfants, je refuserais de les mettre à l'école dans de telles conditions dignes d'un mauvais roman de science-fiction, ce serait comme les envoyer au bagne. Je ne les laisserais pas se faire aliéner par cette psychose. Toutes ces mesures frisent la folie furieuse. On désinfecte, tout, tout le monde, tout le temps. L'autre, c'est vraiment devenu l'enfer.

## Et puis ce fut le cirque, « The Clown Invasion » : les clowns galactiques ont-ils envahi la Terre ?

Ce qui suit est de la pure « science » pas fictionnelle. Maintenant, voilà qu'ils nous mettent… des ronds-points pour piétons. Oui, vous lisez bien, des putains de RONDS-POINTS POUR PIÉTONS !! Excusez-moi, mais PUTAIN !? Dans quel monde est-ce qu'on vit ? Ce n'est pas possible ?! Piquez-moi, je veux me réveiller ! Le cirque, je vous disais, ce monde est devenu un cirque à ciel ouvert. Je suis en train de préparer un livre depuis plusieurs années, je vous en avais déjà touché 2 mots avec les « shoesies », cette parodie de « selfies » issue d'une nouvelle écrite en 2014 ; eh bien, ce roman que je prépare est écrit sur le même type de schéma : il s'agit d'une histoire surréaliste qui critique la société sous tous ses aspects les plus absurdes et abjects. Eh bien, j'avais eu une idée similaire, encore une fois… mais c'était censé être absurde… encore une fois !! C'est carrément devenu réalité, serais-je donc un visionnaire ? Et ce n'est pas la seule chose de ce roman à être devenu réalité dernièrement ! Ils me cassent un peu mon délire, là. Sérieusement, je n'ai plus du tout envie de sortir, non pas à cause de ce petit virus, mais pour éviter de me mêler à cette foule de malades… mentaux. Je ne voudrais pas être contaminé par la « coronerie », qui me semble bien plus dangereuse que le Corona.

Les sommets d'absurdités semblent chaque jour remonter la barre un peu plus haut. Cette acceptation aveugle de la société à toutes sortes d'injonctions plus absurdes les unes que les autres (par exemple, un couple peut dormir ensemble, mais ne peut pas se tenir la main dans la rue ou s'asseoir l'un à côté de l'autre dans une voiture), cette docilité débilitante de la masse populaire à la limite de la servitude, même les régimes les plus coercitifs – hormis les régimes théocratiques, et encore ! – n'avaient pas réussi à réaliser un tel exploit ! Cette mise sous tutelle volontaire frôlant de près le fanatisme (ils en veulent encore plus !) s'apparenterait presque à une forme de sadomasochisme. Peut-être est-ce là un relent inconscient de la traditionnelle culpabilisation judéo-chrétienne : « *Mea culpa, mea maxima culpa* » ? Nous sommes coupables, et même si nous ne le savons pas encore, Dieu, lui le sait. Seuls les régimes théocratiques les plus rigoureux arrivent ainsi à soumettre volontairement la population à des lois plus absurdes les unes que les autres. Et encore, comme je le disais, je crois qu'ils n'arrivent même pas à la cheville de cette dictature sanitaire en matière de mesures d'une imbécillité sans nom. De là à parler d'une religion « Corona », c'est un pas que je ne franchirai pas. Mais tout de même, c'est interpellant et intéressant à mettre en lumière.

Dans certaines communes bruxelloises, ils ont désormais installé des caméras « intelligentes », capables non seulement de vérifier si vous portez ou non le masque (technologie de reconnaissance faciale, donc, comme en Chine ! Je pensais cela interdit chez nous ??), mais également de prendre votre température, rien que ça ! Terrifiant ! Jusqu'où tout ceci va-t-il encore aller ? Il ne faudrait surtout pas « être en chaleur », sinon, bardaf, c'est l'embardée, les zombies en scaphandre blanc vont débarquer !

Tous ceux qui se pavanent sur les réseaux antisociaux avec leurs masques et leurs distances, sont-ils donc si fiers d'être les pantins et les soumis d'un système ? Ont-ils conscience qu'ils contribuent ainsi à déshumaniser encore plus la société ? Combien de ces personnes s'affichent-elles donc si fièrement sur tous ces réseaux avec leur masque en photo de profil ? Un nombre incalculable. Des clones de clowns, soumis et fiers de l'être ?! Et ceux qui font de l'excès de zèle en portant un masque *seuls* dans leur voiture, en se promenant *seuls* dans la rue, partout, H24. Dorment-ils aussi avec ? De quoi ont-ils peur, au juste ? Ils ont peur d'avoir peur ? La machine médiatique à lavage de cerveau est désormais bien huilée… Les alcoolos du Corona se donnent en spectacle. La société s'est pris une méchante cuite ! Serait-elle par hasard en train de nous faire sa crise d'adolescence ?

Alors, allons-y, mettons tous un masque de clown, nous ne ferons pas tache dans le paysage !

## Trop de protection tue la protection ?

Ce monde est devenu tellement aseptisé que les gens ne développent presque plus d'anticorps naturels. Tout se fait à coup de médicaments en veux-tu en voilà. Avec ce gel hydroalcoolique qu'on veut nous imposer presque partout 10 ou 20 fois par jour, ça ne va pas aller en s'améliorant. Les gens vont continuer, ils vont s'y habituer. De même qu'à toutes ces mesures dites « barrières ». Ces désinfectants, les médecins ne cessaient de nous dire de ne pas en abuser, car c'est très mauvais pour la peau et ça fait plus de mal que de bien, au final. Confronter les enfants à la nature, aux microbes, aux bactéries leur permettra de se créer des défenses naturelles, c'est la base. Un enfant ultra protégé tombera malade au moindre contact, il ne faut pas être un prix Nobel pour le savoir ou le comprendre. Hélas, il faut bien constater que le niveau intellectuel de la population a dénivelé à un tel point qu'elle ne semble même plus comprendre les bases. L'abus de désinfectant non seulement irrite votre peau, mais en plus tue les bonnes comme les mauvaises bactéries, empêchant ainsi la création naturelle d'anticorps en général. Au plus vous vous isolerez du reste du monde, au plus vous aseptiserez votre vie, au plus vite vous tomberez malade à la moindre exposition. À force d'aseptiser ainsi la société, la moindre maladie finira un jour par devenir mortelle. Ça aussi, c'est de la science et pas de la fiction. Alors, l'industrie pharmaceutique toute puissante aura le pouvoir de vie ou de mort sur chacun d'entre nous.

Il faut sortir pour garder ses défenses immunitaires. Le meilleur moyen de se protéger est d'avoir un mode de vie sain. Ce n'est pas moi qui le dis, ce sont les médecins. Or, en nous interdisant de sortir, en nous faisant paniquer comme jamais, ils nous poussent dans le sens inverse. Ils nous poussent à la dépression, à la baisse de notre immunité. Bande d'irresponsables. Empêcher les gens de sortir est non seulement de la dictature et une aberration, mais c'est surtout criminel. Non, ce n'est pas moi l'irresponsable, c'est vous, les petits soldats aficionados de la dictature sanitaire. Empêcher les gens de sortir, c'est risquer d'affaiblir leurs défenses immunitaires. Lors des épidémies précédentes, la fameuse grippe espagnole de 1918, la grippe asiatique dans les années 50, épidémies pourtant bien pires que ce coronavirus, jamais de telles mesures n'avaient été prises. Non, aujourd'hui, le problème est que le monde est conditionné par la panique générée par les réseaux antisociaux qui amplifient tout. Le sensationnalisme émotionnel et la course au buzz sont les nouveaux maîtres du monde.

## Lobotomisés, au sens propre comme au figuré ?

Que dire de ces fameux tests Covid ? On vous enfonce une aiguille de 8 cm dans votre crâne !! Rien que ça ! Je ne sais pas vous, mais moi ça me rappelle ces heures sombres de la médecine où l'on pratiquait cette opération barbare, abjecte et inhumaine que l'on nommait « lobotomie ». Lobotomie souvent pratiquée sur des contestataires, des gens qui pensaient différemment, des « subversifs » … D'après le Dr Denis Agret (médecin urgentiste et directeur de l'information médicale à Montpellier, je le rappelle) : « *Ce prélèvement nasal est loin d'être anodin. Bon nombre de témoignages de soignants et aussi de préleveurs font part de douleurs à tel point que certains pleurent ! D'autres ont le nez qui saigne… D'autre part, les soignants n'osent même pas refuser ce test de peur de perdre leur emploi quand bien même on aurait besoin d'eux !* » (Source : *Au nom de LA PEUR… d'un virus, au nom de LA PEUR de la MORT !*, lettre ouverte du Dr Denis Agret.)

Toujours d'après le Dr Agret : « *Tout d'abord, à chaque fois qu'une personne décède avec un diagnostic de virus positif par PCR (Polymerase Chain Reaction), on attribue son décès au virus. Et pourtant, un grand nombre de personnes, la majorité même, sont porteuses de maladies sous-jacentes qui les auraient sans doute conduites tôt ou tard au décès ou à un infarctus, un cancer pulmonaire, une insuffisance respiratoire… Alors oui le virus peut avoir précipité la mort de ces personnes déjà très malades que nous "maintenons" grâce à un système de santé très riche, maisons de retraite comprises.* (…) *Devant l'imperfection du test PCR, la médecine s'est empressée de faire du diagnostic "technique" en retenant des scanners pulmonaires pathologiques comme étant liés au virus. Ceci est un biais diagnostic majeur ! Étant donné que les images n'ont rien de spécifique au virus et qu'elles pourraient bien sûr être attribuées à une tout autre cause (Bactérie, autre virus, fibrose pulmonaire ou autre image à toutes autres pathologies...) ! AUCUN médecin n'a remis cela en question. Comment peut-on poser un diagnostic virologique à partir d'image radiologique, je suis stupéfait de cela. Il faut qu'il y ait un contexte de cas réellement positifs autour, pas juste des images radiologiques, pas "on est en contexte d'épidémie alors c'est le virus"... ! (...) Je vous présente ici les données de mortalité par classe d'âge qu'aucun média n'a diffusé à ce jour. 89 % des décès sont chez les plus de 65 ans, dont 71 % chez les plus de 75 ans, 0 % de décès chez les moins de 15 ans.* »

Le respect de l'intégrité physique de chacun d'entre nous se voit ainsi bafoué sous l'égide de la peur, cette même peur qui nous a conduits à ce régime totalitaire de 2020, cette même peur qui nous fait faire tout et n'importe quoi sur base d'une simple précaution d'un « grand » danger *hypothétique*.

## L'enfer, c'est les autres ? bis

Faire ses courses relève du parcours du combattant, surtout pour quelqu'un opposé à la dictature sanitaire comme moi. Heureusement encore que ce n'est pas comme en France avec leur « *Ausweis* » de la Kommandantur 2020 pour sortir. Bonjour l'angoisse. Bonjour l'écologie. Mais, et si vous n'avez pas d'imprimante, alors ? Vous l'aurez dans le cul. On me dit qu'il faut alors l'écrire à la main. OK, OK. Mais je n'arrive toujours pas à comprendre l'idée derrière ce « laissez-passer », à part peut-être pour bien nous démontrer qu'ils ont un pouvoir coercitif, autoritaire et répressif sur nous ? Ça change quoi qu'on écrive du blabla sur un bout de papier ou qu'on le dise à haute voix ? La logique, le bon sens ? Des concepts obsolètes, tout ça.

Voici maintenant quelques petites histoires du quotidien sous la dictature sanitaire !

Arrivé devant un magasin, on ne me laisse pas rentrer sans le masque d'Halloween. Mais moi, je voudrais acheter un masque de Carnaval, un masque de clown, justement. Eh bien non, je ne peux pas. Mais je voudrais acheter un masque de clown ! Il faut un masque d'Halloween pour pouvoir acheter un masque de Carnaval. Bon, bon… Next.

L'aventure du supermarché à présent : rebelote avec le cirque des caddies. Avant de pouvoir faire ses courses, il faut donc d'abord passer le contrôle de la Gestapo 2020. C'était un « beau » jour ensoleillé, un de ces jours qui, en temps normal, mettent de bonne humeur. Mais l'humeur, je ne l'avais pas à la bonne, ce jour-là… car ils attendaient là, à l'entrée, terrés comme des vautours à l'affût du moindre subversif qui ne se soumettrait pas au dictat de l'autoritarisme hygiénique. *Pas de caddie, pas d'entrée*, tel était le nouveau motto de ces malabars en costume noir. Les *Men In Black* du Nouveau Régime. Je fais comme si de rien n'était et je tente tout de même de rentrer. J'entends crier « Monsieur », « Monsieur », « Monsieur ! ». La Gestapo rapplique illico et ils appliquent leurs consignes avec un zèle à la limite du sadisme. Les menaces volent, ils se mettent à 3 autour de moi et je sens que si je ne cède pas à leur chantage, les coups vont pleuvoir. Je ne rentrerai donc pas dans ce magasin qui se verra signifier mon boycott définitif. Il risque d'y en avoir beaucoup de ces boycotts à l'avenir, hélas. Il paraît que je suis un « *égoïste* », car « *si je m'en fiche de ce virus, les autres risquent de l'avoir et ledit "confinement" ne s'arrêtera jamais* ». Dixit les « *coronards* » de la moralisation. Je ne sais pas qui est le plus égoïste, celui qui réfléchit avec sa tête ou celui qui veut imposer ses peurs aux autres ? Parce que peut-être angoissent-ils tellement qu'ils se sentent quelque part obligés d'angoisser les autres pour justifier et nourrir leurs propres angoisses ? Mais à ce niveau, ça relève de la psychiatrie. Certaines personnes interrogées dans les médias voudraient ainsi une « 2ème vague » rien que pour obliger les gens à rester chez eux !

Déjà, ils étaient morts de trouille avec un peu de vent. Dès qu'il y a un peu de vent, on ferme tous les parcs, on annule les évènements extérieurs, etc. Les gens doivent toujours trouver un responsable, un bouc émissaire à leurs malheurs. Il ne faudrait surtout pas que quelqu'un se casse un ongle. Ils ne veulent plus prendre le moindre risque d'être accusés de « négligence » ou que sais-je. C'est « normal », de nos jours, plus personne ne veut prendre de responsabilité ni porter le chapeau. S'il y a un malheur qui doit hélas se produire, il faut un coupable, forcément. Quelqu'un doit payer et porter le poids de la douleur des autres sur ses épaules. Culpabiliser la nature ou la malchance ne suffit plus, il faut qu'une tête tombe. Et qu'elle roule au sol, exposée en public. Alors, quand un petit virus débarque, c'est la surenchère et l'hystérie sécuritaire. À mon avis, une grande partie de la population aurait besoin de consulter un psychiatre de toute urgence.

Nous sommes tous des « coupables » mis en prison, mais pas seulement : mis en prison ET en isolement. Pour rappel, l'isolement est la punition dans la punition dans le milieu carcéral. La privation de liberté étant l'outil pour punir les contrevenants aux lois d'une nation, on peut ainsi considérer que nous sommes tous coupables, coupables d'être potentiellement porteurs de ce virus. Incarcérés, isolés et mis symboliquement au silence en nous obligeant à porter un bâillon sur la bouche. Ils prennent le monde en otage. Je serais même presque amené à dire qu'il s'agit là d'une forme de terrorisme. Parce que la base du terrorisme, c'est quoi ? N'est-ce pas de répandre la terreur, étymologiquement parlant ? Que se passe-t-il aujourd'hui ? La terreur est bel et bien répandue. Alors ?

## La solitude, ce mal du siècle exacerbé par la Terreur Sanitaire.

Il n'y a pas que du Corona que les gens meurent, il y a ceux qui meurent de tristesse, de solitude, de désespoir. Et je sais de quoi je parle, depuis que j'ai commencé à donner mon avis sur le sujet, plus grand monde ne me parle. Mais j'assume pleinement mes opinions. Mieux vaut être seul que mal accompagné, dit-on. Et puis, il y a ceux qui se suicident. Ça, c'est tabou, on n'en parle pas. Pourtant, il y a en a. Même des enfants. *Des enfants se sont suicidés.* Gardez bien ça à l'esprit. Ils se suicident, car ils ne supportent plus ce monde de fous ou parce que les médias leur ont tellement fait peur qu'ils pensent que c'est la fin du monde. La peur est tellement communicative… Bien entendu, il y a d'autres raisons plus profondes à tout cela, mais cette situation a probablement servi de « déclencheur » pour un passage à l'acte. Et puis les jours passent et se ressemblent, la routine tue. Au sens propre comme au figuré. Les cas de violences conjugales ont explosé. Les cas de maltraitance infantile également. Ce monde est en putréfaction. Fétide. Puant. Aux mains et sous l'emprise de « coronards » qui ont trop peur de devoir prendre leurs responsabilités et surtout qui veulent donner le change face à leurs manquements.

La solitude gangrenait déjà la société depuis la popularisation d'Internet dans les années 2000. Aujourd'hui, elle a explosé. À l'heure actuelle, c'est le bien du groupe qui prime au détriment de l'individualité, dont l'individu, lui, est broyé dans cette machine infernale de la Terreur Sanitaire. Mais on nous rassure, tout ça, c'est pour notre bien. Okéééé.

D'un côté, on privilégie le groupe, l'ensemble, et puis d'un autre, on empêche les gens de se rencontrer. L'ensemble, mais pas le vivre ensemble, ou par procuration. Une collectivité conformiste et formatée où tout le monde doit penser pareil. On nous parle de « distances », de « barrières ». Les gens déjà fortement isolés le deviennent encore plus, ils meurent à petit feu. Les personnes âgées, surtout. On nous parle de solidarité, d'entraide, toutes ces choses-là. C'est bien, c'est très bien. Ça part d'un bon sentiment. Mais les vraies personnes isolées le resteront, ne vous leurrez pas. Il y a l'isolement physique et l'isolement psychique. Aujourd'hui, ces personnes-là sont confrontées de plein fouet aux 2 combinés. Elles l'étaient déjà en partie, désormais, elles le sont totalement. Vous ne pouvez pas sortir « officiellement », personne ne répond à vos emails, personne ne vous téléphone. À l'heure où la communication n'a jamais été aussi simple, recevoir une réponse de quelqu'un est devenu un luxe. Encore une fois, je parle en connaissance de cause. Ce coup de fil, ce SMS, cette réponse à un email envoyé que vous attendez et qui n'arrive jamais. Les gens sont tellement obsédés avec leurs smartphones qu'ils s'envoient des messages alors qu'ils sont dans la même pièce. L'autre n'est plus qu'un numéro, un pseudo, un « profil », quelque chose d'abstrait. Lorsque vous sortez avec quelqu'un, certaines personnes passent 90 % de leur temps à tripoter leur smartphone. Ça aussi, c'est de l'isolement. Pour la personne qui l'accompagne, mais aussi pour celle qui s'autolobotomise avec son téléphone et ses relations virtuelles illusoires. Nous sommes humains, nous avons besoin de contacts physiques, et ces nouvelles technologies devraient aider le « vrai » contact et non le remplacer, ce qu'elles sont en train de faire aujourd'hui. Ce « confinement » sert à se recentrer sur soi-même, sur les priorités de la vie ? Dites ça donc à une personne isolée, une personne qui a le contact avec les autres difficile et qui a passé sa vie à cet exercice, non par choix, mais par survie.

## Vers une « digitalisation » forcée ?

L'aliénation de la masse populaire n'est pas chose nouvelle. Tout au long de l'Histoire, elle a pris diverses formes sous diverses idéologies, religieuses, culturelles, économiques, politiques… Aujourd'hui, elle est « digitale », « numérique » ou simplement « électronique ». D'ailleurs, ce terme « digital », est-ce parce que le monde est désormais accessible du bout des doigts ? On peut le voir ainsi, même si ce n'était probablement pas l'idée à l'origine.

Il est nul doute que toute cette agitation va accélérer le phantasme de digitalisation « officieusement obligatoire » et « forcée » déjà mis en place depuis plusieurs années. L'abolition du cash est leur rêve – même pas – inavoué. Et ce virus est une aubaine inespérée pour eux d'atteindre cet objectif. Les banques sont le fer de lance de cette manœuvre avec la fermeture à grande échelle de toutes leurs agences depuis quelques années, l'impossibilité de désormais faire un virement sur un self-bank en agence, de prendre ses extraits de compte, sans oublier l'arrondi « *cash only* » des centimes en magasin et j'en passe. Que font les gens qui n'ont pas Internet – car il y en a encore – eh bien, ils n'ont qu'à se soumettre à la sacro-sainte « évolution », au « progrès », au monde dit « en marche ». Ou alors ils peuvent aller se pendre ou se l'enfoncer « digitalement » bien profondément quelque part dans un trou de leur choix. Peut-on encore avoir le choix de cette « digitalisation » ? Certainement pas. Nous sommes dans une société où le libre arbitre n'est qu'illusion. Pourquoi dans tel ou tel type de sociétés, la majorité des gens partagent-ils souvent le même type d'opinion ? Nous avons été conditionnés dès le plus jeune âge via des paramètres complexes, souvent inconscients, de l'ordre de l'inconscient collectif même, pour penser de telle ou telle façon. Nous sommes les esclaves de notre conditionnement socioculturel. Vous pensez mordicus que telle ou telle décision est votre choix intrinsèque ? N'en soyez pas si sur. Mais quoi qu'il en soit, ils vont décider à notre place et libre arbitre ou pas, nous n'aurons plus le choix, puisqu'il n'y aura plus d'autre option.

Il est aussi intéressant de constater que, par exemple lors de la polémique sur le fameux « burkini », les populations de différentes régions ou pays avaient généralement un avis assez tranché sur la question. Par exemple, le monde anglo-saxon ne comprenait absolument pas la réaction des Français sur cet accoutrement (Note : je viens ici de placer un de ces fameux mots « partisans » dont je vous parlais plus haut). Quasi tous les médias étaient du même avis, la population également, alors que dans d'autres pays, c'était l'inverse. Bien entendu, la manipulation de l'opinion publique n'est qu'un mythe.

Désormais, avec la fermeture en masse de tous les commerces, les gens vont prendre l'habitude de faire leurs achats « en ligne » – de préférence dans les grandes enseignes, même si on nous rabâche les oreilles pour privilégier le commerce « local ». Et lorsque tout ce cirque sera terminé (pour autant qu'il se termine un jour), ils continueront, car ils y auront pris goût et qu'ils y seront habitués ; il en sera de même avec une grosse partie des acquis de la digitalisation forcée et des lois liberticides – qui seront devenues la norme – grattées au passage.

Qui dit digitalisation dit également possibilité de contrôle accru. Moi, parano ? Non, non ! Ils disent tous en chœur « mais non ! ». On connaît la chanson ! Un simple exemple : lorsque le groupe GB a été racheté par la marque française Carrefour au début des années 2000, ils ont soutenu mordicus que le nom GB resterait. Petit à petit, ils ont transformé le logo, repris les couleurs de Carrefour pour finir par faire complètement disparaître la marque GB lorsque les gens s'y étaient habitués. La même chose s'est produite avec la banque Générale de Banque, devenue Fortis, puis BNP Paribas. Ces derniers ont juré mordicus que le nom « Fortis » resterait. La transformation est presque parachevée et la marque Fortis a quasi disparu du paysage. Nous y avons été habitués pas à pas. Pensez-vous qu'avec nos droits et libertés il en sera autrement ? Ne soyez pas naïf ! Pour n'importe quoi, pour tout changement, c'est toujours d'abord « non, non, non, ça n'arrivera pas », jusqu'à ce que les gens s'habituent et alors, ça devient « oui, oui, oui » et ça passe inaperçu. Il en va de même avec de nombreux sites et services sur Internet. Gratuits au début, jamais payants, disaient-ils. Lorsque les gens s'y sont habitués, ils sont tous devenus payants et les gens ont dit « amen ». Regardez la vie d'il y a 20 ans, 30 ans et comparez-la à celle d'aujourd'hui. Progressivement, nous devenons des robots, des automates programmés et conditionnés pour tout accepter en silence. L'histoire est une répétition, les gens ne changent pas et malgré les apparences, nous sommes toujours ces « Homo sapiens » qui ont conquis le monde par la force en dominant – et massacrant au passage – les plus faibles.

## Les travailleurs du sexe, les grands oubliés. Ceux dont on ne parle pas, ceux dont on ne veut pas parler.

C'est tabou, ça ne se fait pas, c'est mal. Je parle de la prostitution. Je veux donner une voix à ces gens puisque personne ne le fait. Beaucoup ont peur de travailler, non pas tellement à cause du virus comme il est politiquement correct de le dire, mais à cause de la répression et de la chasse qui leur est faite, parfois machiavélique de la part de cette Gestapo 2020. Des pièges sournois. Contrairement à la croyance populaire et à ce qu'on essaye de nous faire croire dans les médias, une grande partie de la prostitution dans notre pays est « volontaire ». Toutes les filles (sans oublier les hommes, bien entendu, car il y en a aussi) qui font ce travail ne sont pas des « victimes » sous contraintes, très loin de là. Et non, non, non, ne me faites pas encore une fois dire ce que je n'ai pas dit, je n'ai pas dit que la prostitution « forcée » sous contraintes n'existait pas. Au contraire, elle existe, il y en a beaucoup aussi et ça, c'est terrible. Je dis qu'il y a les deux. Il y a juste beaucoup plus de prostitution volontaire sans contraintes que ce qu'on veut nous faire croire. Et quand je parle de « contraintes », je parle bien de contraintes « directes », et non celles de la vie (pauvreté, etc.). Si je me permets d'aborder ce sujet, c'est parce que j'ai côtoyé ce milieu de l'intérieur. J'ai vécu le quotidien de ces filles, leurs joies, leurs délires, leurs peines, leurs coups de folie, leur mauvaise humeur, leur désespoir. Des filles qui allaient et venaient pour survivre, pour payer des soins médicaux à un membre de leur famille, pour donner un avenir à leurs enfants, pour sortir de la misère, parfois aussi pour le goût du luxe ou pour toutes sortes d'autres raisons. Des noms et pseudos qui changeaient parfois toutes les semaines. Parfois, elles restaient travailler quelques jours, parfois quelques mois. Souvent, elles ne parlaient ni français ni anglais. Non, je n'étais rien de ce que vous imaginez en ce moment. J'étais juste un ami. Toutes ces filles-là sont, à l'heure où j'écris ces lignes, livrées à elles-mêmes, dans la misère, avec l'interdiction formelle de travailler et sans la moindre compensation financière. Les filles venant de l'étranger – qui constituent tout de même la grande majorité – si elles ne s'y sont pas prises à temps, ne peuvent plus rentrer dans leur pays et ne peuvent plus travailler non plus. Et que fait la Gestapo 2020 ? Elle les traque comme le font des shérifs zélés dans certaines villes des États-Unis. Elle leur téléphone en se faisant passer pour un client et le piège se referme. L'inverse est vrai aussi, ces salauds de clients qui cherchent un peu de réconfort sont piégés de la même façon. Cette société puritaine abjecte diabolise cette profession et se croit investie d'un devoir de justice en « délivrant » ces filles qui pourtant, elles, ne demandent qu'à travailler pour essayer d'avoir un avenir meilleur. J'ai ainsi connu une fille qui se savait condamnée par la maladie (tumeur au cerveau) et qui a continué à travailler jusqu'à sa mort pour que son enfant puisse grandir dignement. C'est une réalité que les donneurs de leçons de tous bords ne veulent pas entendre. « *La prostitution, c'est mal, les clients sont tous des gros porcs à qui on devrait couper les couilles.* » Ce type de discours est tellement extrémiste et sans la moindre nuance… Cela se voit qu'ils n'y connaissent rien et qu'ils vivent complètement en dehors des réalités. Pourtant, cette « réalité » qu'ils s'imaginent être la seule existante n'est que le sommet de l'iceberg. Le mauvais est toujours plus visible que le reste. Pourquoi y a-t-il tant de violence dans ce milieu ? Le fait que ce milieu soit marginalisé est probablement l'une des principales réponses. Aujourd'hui, elles doivent faire preuve d'ingéniosité pour déjouer les contrôles et les pièges de la Gestapo 2020 afin de SURVIVRE. Un petit peu comme sous la prohibition aux États-Unis dans les années 20. Car elles n'ont rien, aucune aide de qui que ce soit si ce n'est des amis ou pire, des profiteurs qui vont cette fois-ci peut-être réellement les mettre sous la contrainte. Et pour cause de soi-disant lutte contre le terrorisme, depuis les attentats de Bruxelles en 2016, les numéros de GSM ne sont désormais plus anonymes, ce qui leur complique encore plus la vie. Des victimes collatérales de plus du Corona, ou plutôt de la coronerie. DES VICTIMES DONT LE MONDE SE FOUT.

## Et puis, il y eut l'Homo débilicus.

Nos libertés individuelles sont peu à peu réduites et il est quasi certain qu'à l'avenir, ils nous trouveront d'autres excuses encore plus anxiogènes pour nous en gratter d'autres, les unes après les autres, petit à petit, pour qu'on s'y habitue au fur et à mesure, aidés par le conformisme ambiant. Pas étonnant finalement, car, ne l'oublions pas, ce système de « *lockdown* » est calqué sur le système chinois, un système communiste, autoritaire, coercitif et dictatorial. Quand on regarde en arrière, les années 70 ou 80 font figure d'un autre monde. Vu de là-bas, notre monde doit ressembler à une dystopie futuriste, un genre de « monde correctionnaire ». On privilégie le groupe tout en poussant à l'individualisme, en cloisonnant et infantilisant l'individu, avec tantôt des sanctions, tantôt des récompenses. Comme de bons toutous obéissants.

Ahh, le voici, le chaînon manquant ! L'Homo débilicus, dont le Corona facho est la dernière « évolution » en date. Le descendant, sans doute, d'Adam et Ève, une race consanguine qui ne semble pas avoir fort évolué depuis qu'elle est apparue sur Terre par le miracle d'un coup de baguette magique (ou d'un souffle divin) d'un sorcier dans le ciel il y a environ 5 000 ans. Mais je m'égare. Donc, l'Homo débilicus. C'est un peu comme les vampires ou les loups-garous dont la contamination provoquerait une forme d'atrophie cérébrale. Ils se propagent… sournoisement, insidieusement parmi la population, tel un virus. Un Corona virus ? Peut-être… Allez savoir !

Je terminerai par cette citation de Mark Twain : « *Ne laissez pas votre éducation se mettre en travers de votre apprentissage !* » Citation que j'ai envie d'adapter ainsi : « *Ne laissez pas votre conditionnement se mettre en travers de votre bon sens !* »

# 3$^{e}$ PARTIE

## Le monde d'après : ceci n'est peut-être pas une fiction

Le jour se levait, les rafales de vent faisaient trembler les fenêtres et la pluie martelait le sol à n'en plus finir. Telle une symphonie macabre, les gouttes d'eau se fracassaient sur tout ce qui entravait leur chute effrénée, se transformant ainsi en torrents de boue tapissant de leur manteau indomptable des rues aussi désertes qu'austères. L'obscurité du ciel était accablante, mais laissait petit à petit place à une lumière oscillant entre timidité et mélancolie, une lumière qui semblait lutter en vain pour réclamer son dû. Depuis deux jours, la tempête faisait rage. Dehors, bravant vaillamment les intempéries, les drones patrouillaient sans relâche à l'affût du moindre contrevenant qui oserait violer la loi. Nous étions en l'an 2040, tout juste vingt ans après ces fameux évènements de 2020 qui avaient changé la face du monde. Cela faisait vingt ans que le monde avait basculé dans l'officieux « Nouveau Régime », instauré après ce qu'on appelait désormais le « Coronagate », du nom de ce virus nommé « Covid-19 ». Rien que la prononciation de ce nom donnait encore des frissons. Lorsque ce mot apparut pour la première fois, les choses avaient dégénéré partout sur la planète, le monde avait basculé jusqu'à un point de non-retour : l'économie mondiale avait été anéantie et les droits humains furent réduits à leur plus simple expression. Ce qu'il était n'était rien par rapport à ce qu'il avait engendré. Le chaos et le marasme régnaient en maîtres, le monde était à genoux et la population sombra dans une panique à en perdre la raison. Totalement hors de contrôle, le monde avait perdu la tête, comme un adolescent faisant sa crise… *Comme un adolescent abreuvé de séries télé apocalyptiques.*

Et alors que les autres pays peinaient à se remettre debout, parmi toutes les nations, seule la Chine parvint à se relever. Elle arriva en sauveur, s'immisça dans les capitaux des plus grandes multinationales du monde, médias compris, et imposa au passage ses conditions et son hégémonie. Le monde n'eut pas le choix, il fallait sauver l'économie qui venait de connaître la plus grande crise de son histoire. Et les capitaux chinois étaient la seule option. Accueillie à bras ouverts par la plupart des dirigeants du monde, en l'espace de quelques années seulement, elle devint donc sans surprise la première puissance mondiale. Et ce qui dû arriver arriva, toute révolte fut durement matée et les opposants réduits au silence. L'Histoire fut réécrite et la censure devint la norme.

Erik était debout devant sa fenêtre, pensif. La nostalgie du temps d'avant le submergeait, il pensait à la façon dont le monde avait dérapé… voilà vingt ans. Vingt ans déjà que ce monde ne tournait plus rond, se dit-il. Et aujourd'hui, cette nostalgie le submergeait encore plus que d'ordinaire, car aujourd'hui, c'était l'anniversaire de ce triste jour, ce fameux jour maudit où la décision fut prise de cloisonner le monde. Une date qui était désormais gravée dans l'Histoire, une date charnière entre ce qu'on appelait dorénavant « l'avant » et « l'après » Coronagate. Cette date était d'autant plus symbolique que l'Histoire s'était hélas répétée. Quelque temps après les évènements de 2020, une nouvelle loi, la loi dite « Confinement », fut votée. Il s'agissait d'une loi qui restreignait au maximum les droits humains lors d'évènements jugés « dangereux » par les autorités. Une forme de « Loi Martiale bis ». Ainsi, les tempêtes, les canicules, les journées de pic de $CO_2$, les épidémies de rhume ou de grippe tombaient toutes sous le coup de cette loi.

Et c'était la 3ème fois cette année que son pays la subissait. Ce « confinement » pouvait ainsi durer d'un jour à plusieurs semaines, selon le niveau de dangerosité estimé.

Dehors, le vent continuait de harceler tout ce qui osait se dresser sur sa route destructrice. C'était la tempête, l'une de ces fameuses « calamités » qui valaient l'application de cette « Loi Confinement », alors quiconque osait sortir risquait gros. Pas à cause de la tempête, ironisa-t-il, mais plutôt à cause des mesures de sécurité et de surveillance en vigueur. Il était quasi impossible d'y échapper : des caméras avaient été installées tous les cent mètres et des drones sillonnaient inlassablement les rues. Ces drones « rafales » étaient ainsi capables de résister à l'assaut des vents les plus puissants. Issus d'une nouvelle technologie de pointe, ils avaient été mis au point spécialement à la demande des gouvernements qui y avaient mis le prix. Le contrôle d'une population aussi grandissante que turbulente était devenu la priorité numéro un des principales autorités du monde. « *L'ordre et la discipline pour un monde meilleur.* » Voilà l'un des slogans favoris qui tournaient en boucle dans la plupart des médias du globe… jusque dans les émissions destinées à la jeunesse. Les subversifs n'avaient qu'à bien se tenir ! La dictature chinoise avait sérieusement déteint sur le monde, se dit Erik ; un tel slogan lui glaçait le sang. Mais il n'y avait pas que ça qui l'effrayait… Durant ces périodes « d'enfermement », comme il disait, si vous mettiez le moindre pied dehors, vous étiez verbalisé par cette voix robotique caractéristique de cette nouvelle police « digitale », la police « 2.0 », comme l'aimaient à le préciser les médias, non sans un certain enthousiasme à peine dissimulé. Composée exclusivement de drones, la « flotte » de cette nouvelle section de la police était munie de caméras à

360°, de scanners « multiusages » longue distance et elle était même… armée ! Dotés de mitrailleuses à la précision quasi infaillible, ces drones étaient ainsi d'une efficacité jamais égalée pour combattre le crime. Ou en tout cas, ce qui était *considéré* comme tel. Mais ces « mitrailleuses » n'étaient bien sûr utilisées qu'en cas d'extrême « danger » ! Et *strictement* en cas d'extrême « danger », insistaient les responsables. Ces dernières n'étaient utilisées que dans des cas bien précis et rien d'autre. En tout cas, c'était ce qu'ils n'arrêtaient pas de dire à qui voulait l'entendre. L'effet dissuasif rentrait bien entendu également en compte. Personne ne voulait risquer de se prendre une balle ! Alors si vous commettiez une infraction à la Loi Confinement – ou à toute autre loi ! – via un scan à longue distance de la puce – *obligatoire* – d'identification implantée dans votre bras, vous étiez immédiatement pénalisé d'un point sur votre « Permis de Citoyen ». Il n'était même plus nécessaire de vous appréhender, vous étiez géolocalisé et verbalisé instantanément où que vous soyez. La sécurité avant tout ! *L'ordre et la discipline pour un monde meilleur…*

Erik grinça des dents et serra le poing à s'en briser les os. Ce Permis de Citoyen était vraiment une abomination et rien que d'y penser, il sentait une rage irrépressible bouillonner en lui. Inspiré du système chinois, ce Permis de Citoyen à points avait été instauré dans la foulée de la Loi Confinement : lorsque vous perdiez vos cinq points – qui correspondaient à cinq infractions à la Loi Confinement – vous étiez ainsi envoyés en centre de redressement ou, officieusement, en centre de « *reconditionnement* ». Officiellement, on vous y apprenait la « citoyenneté », le « civisme », la « bonne conduite », les « bonnes mœurs », ce genre de choses. Mais en réalité, personne ne savait exactement ce qu'il s'y passait. C'était « confidentiel », « pour la sécurité de tous », disaient les autorités. En tout cas, les gens qui en sortaient n'étaient plus jamais les mêmes. Que leur avait-on fait ? Il y avait beaucoup de théories qui circulaient, mais toutes avaient été bien entendu balayées par les officiels du Régime. Des gens disparaissaient parfois aussi et puis réapparaissaient soudain, sans aucune explication plausible.

En cas de perte de vos cinq points, hormis le centre de redressement, vous aviez également une seconde option. Lorsque vous les perdiez, il devenait invalide et il vous en fallait donc un nouveau. Mais pour cela, vous deviez vous racheter auprès de la société ! Telle était la Loi. Vous aviez ainsi deux options : le centre de redressement ou la prison avec travaux forcés. Ce second « choix » était une alternative, mais dont les peines encourues étaient tellement élevées qu'elles en étaient dissuasives. Ceci afin, bien entendu, de pousser la population à choisir le « redressement » plutôt que la prison. Il s'agissait là de peines exemplaires qui pouvaient se compter en dizaines d'années, car, disaient-ils, vous mettiez la vie de la population en danger ainsi que la vôtre. Tout ceci sans compter la lourde amende à chaque point perdu. Le tribut était extrêmement lourd à payer. Alors si vous osiez vous prendre pour des « pseudo héros », comme le répétaient inlassablement les agents du Régime, vous en payeriez le prix fort. Et une grande partie de cette population extrêmement zélée qui leur était aveuglément soumise n'était pas en reste en la matière. La délation était ainsi encouragée et même récompensée. Mais qui étaient donc ceux qui se prenaient réellement pour des « pseudo héros » en fin de compte, se demanda Erik.

Les choses avaient bien changé, le monde avait bien changé.

Pourtant, au moment de l'instauration de ce Permis de Citoyen, de nombreuses voix s'étaient levées, les associations de défenses des droits humains étaient montées au créneau, il y eut des manifestations, des « pétitions », des « prières » (sic) et même des émeutes. Mais la loi passa malgré tout, car les gouvernements avaient pris soin de rassurer la population comme il se devait. C'était pour garantir la sécurité de tous, il fallait penser au groupe avant soi-même. C'étaient là leurs principaux arguments. Et la peur d'une seconde crise de type « Covid » avait bien entendu penché dans la balance.

Il alla se servir une tasse de café. Il aurait bien pris un verre de whisky, mais à cette heure-là, ce n'était pas très raisonnable. Il fit la moue et regarda dans le vide durant un court instant. Un court instant qui lui parut pourtant durer une éternité. Y avait-il seulement encore quelque chose de raisonnable dans ce monde, se demanda-t-il. Ce foutu monde de dégénérés… Et sans crier gare, une poussée d'adrénaline s'empara de tout son être ! Une déferlante d'émotions et de colère le submergea et prit possession de son esprit au point d'en avoir la nuque trempée de sueur.

*Oh et puis merde !*

Il traversa la pièce, ouvrit l'armoire et prit la bouteille de whisky qui s'y trouvait. D'un geste brusque, il en versa une bonne dose dans sa tasse. Un « Irish Coffee », voilà qui était bien. Voilà ce dont il avait besoin pour calmer sa colère. À cet instant, s'il avait pu, il aurait bien mis son poing sur la gueule de quelqu'un, sur la gueule des instigateurs de cette ignominie, de cette infamie… ou sur la tronche de n'importe lequel de ces « Corona Fachos » qui se serait trouvé à proximité. Pas de pitié pour ces ordures !

Il but une bonne gorgée et alluma la radio, les mains encore tremblantes. C'était l'heure des « infos ». Il n'aimait pas trop ça, mais il fallait bien se tenir informé de temps en temps. Les infos, grommela-t-il en soupirant… quelle foutaise, quelle plaisanterie ! En général, elles ressemblaient plus à une sorte de « fil de propagande en continu » qu'autre chose. Pas étonnant, vu que les Chinois en étaient les actionnaires principaux. Chinois qui étaient officieusement à la solde du Régime de Pékin, bien entendu. Personne n'était dupe, mais tout le monde faisait pourtant comme si de rien n'était. Quelle mauvaise nouvelle allait-on encore leur annoncer cette fois ? se dit-il. À chaque nouvelle période de confinement, ils trouvaient systématiquement un moyen de restreindre encore un petit peu plus les libertés individuelles et d'empiéter toujours un cran de plus sur la vie privée. Cette société était décidément devenue une véritable prison géante, c'était comme être des prisonniers en conditionnelle dont le bracelet électronique avait été remplacé par une puce dans le bras. Il se sentait comme un animal en cage à qui on offrait une illusion de liberté !

« … *la tempête vit ses dernières heures et n'aura finalement impacté que deux jours. Il se pourrait même que vous soyez déconfinés dès demain. Restez trop à l'écoute pour le dernier bulletin météo ! Le gouvernement a décidé de distribuer des aides aux personnes ayant été trop impactées par la situation et qui en feraient la demande. N'oubliez pas d'impacter les formulaires adéquats disponibles sur le Réseau. En bref, dans le reste de l'actualité, le groupe terroriste Flat Earth Supremacy a annoncé son intention d'impacter de façon imminente, rapporte le porte-parole du contre-terrorisme. Mais à l'heure actuelle, rien ne justifierait d'impacter un prolongement de confinement. Nous vous tenons bien sûr informés. Fin de ce flash info.* »

Erik eut un fou rire. Les Suprématistes de la Terre Plate ? Il avait déjà entendu parler de ce mouvement de péquenauds, mais ce n'étaient là que des rigolos : une bande de loosers dont le cerveau était encore plus atrophié que la moyenne. Qu'allaient-ils donc faire ? Aplatir le cerveau des gens pour ressembler au leur ? Décidément, cette société partait vraiment en couille, se dit-il. Il ne savait plus vraiment s'il fallait en rire ou en pleurer.

L'ancien monde lui manquait. Mais que pouvait-il y faire ? Les gens s'étaient résignés et avaient accepté leur sort. Ils y étaient habitués. Pour la jeune génération, c'était même la norme, et ils ne comprenaient pas les réticences des « vieux » qu'ils appelaient non sans un certain mépris « Réacs » ou même « Daddy's Landers ». Pour eux, les concepts de vie privée et de libertés individuelles étaient des concepts complètement « has been » et « ringards ». C'était quelque part logique, ils n'avaient pas connu le « monde d'avant », ils n'avaient aucun point de comparaison. Pourtant, lui, il avait l'impression de vivre dans l'un de ces films de science-fiction de sa jeunesse, l'une de ces dystopies futuristes invraisemblables et glaçantes. Mais entre regarder un film au cinéma et le vivre, il y avait un monde. Un monde devenu à présent réalité. Dans ces films, il y avait toujours l'un des protagonistes pour fomenter une rébellion, pour se dresser contre les injustices, alors pourquoi personne ne réagissait aujourd'hui ? se demanda-t-il. Ce danger tant craint par le passé était devenu réalité ! On leur avait fait tellement peur dans leur jeunesse avec les dangers des futurs fascismes « hypothétiques », et lorsque ceux-ci se réalisaient, personne ne semblait les voir ! Pour lui, c'était incompréhensible. Les gens étaient-ils vraiment tous devenus des moutons, des pantins ? Un frisson lui parcourut l'échine. Ces films avaient rarement un « happy ending ». Et la réalité était tout sauf un monde de « bisounours », comme on le disait à l'époque, n'en déplaise à la naïveté des optimistes patentés. La réalité dépassait souvent la fiction ! Mais cette réalité avait-elle influencé le cinéma ou alors le cinéma avait-il influencé la réalité ? Sans doute un petit peu des deux, pensa-t-il, tout le monde influence tout le monde, d'une façon ou d'une autre. Et aujourd'hui, c'était comme si la réalité s'était calquée sur le cinéma ! Le pire du cinéma !

Une idée lui traversa alors l'esprit : et s'il devenait lui-même ce « héros », le héros de cette réalité « cinématographique », le « héros » qui changerait la donne et réveillerait la population de sa torpeur ? Un héros qui se dresserait vaillamment contre les injustices de ce régime officieusement totalitaire ? Pourquoi pas ? Il fallait bien que quelqu'un finisse par réagir un jour, se dit-il, non ? Il fit la moue. Mais en serait-il capable ? Pourrait-il fomenter une rébellion, faire tomber les gouvernements mondiaux et reconstruire un monde meilleur ? Lui, un gars sans histoire ? Rien n'était moins sûr. La tâche serait sans doute extrêmement rude et il n'avait pas la moindre idée de par où commencer. De plus, il n'avait aucun contact, aucune notion d'activisme, rien du tout. Et puis d'ailleurs, qui était-il, lui, pour tenter un tel coup d'État ? Il secoua la tête. Tout ceci n'était qu'un phantasme invraisemblable, illusoire et abracadabrant, c'était irréaliste, se dit-il, ça frisait la démence, l'utopie et la témérité. Tout ce qu'il gagnerait serait sans doute de finir en prison, ou pire, en centre de redressement. Alors, que faire ? Ce monde lui semblait de plus en plus insupportable.

Il regarda par la fenêtre cette pluie qui n'en finissait plus, ce vent qui faisait plier les arbres tels des fétus de paille. C'était un petit peu comme un ennemi invisible qui faisait courber l'échine de tous ceux qui se dressaient devant lui. Une force intouchable et indomptable contre laquelle il était impossible de lutter. Était-ce cela la situation actuelle ? se demanda-t-il. Peut-être que d'autres avaient déjà eu la même idée que lui et qu'ils s'étaient fait arrêter ? Ou peut-être existait-il déjà une rébellion « souterraine », comme dans les films ? C'étaient là beaucoup de questions et d'hypothèses. Mais il ferait sans doute mieux d'oublier tout ça, ça n'apporterait rien de bon. Il ne faisait pas le poids pour entreprendre un tel projet. Et en plus, il était seul…

*Seul comme la majorité du monde.*

Ces dernières années, l'individualité avait en effet été brimée jusqu'à l'étouffement au profit de l'intérêt du groupe. Vous étiez comme une fourmi dans une fourmilière, seul dans un groupe face à une surpopulation paradoxalement grandissante. Le monde n'avait jamais connu un tel nombre d'êtres humains et pourtant, l'être humain n'avait jamais été aussi seul.

Mais là n'était pas le pire, le pire était la perte d'immunité de la population. Le monde avait été aseptisé avec une telle ferveur, à outrance et au-delà du raisonnable, les enfants et leurs parents avaient été tellement surprotégés que ce qui en résulta fut une chute massive de la production d'anticorps chez les plus jeunes. Les cas d'« enfants bulle » et les syndromes d'immunodéficience avaient explosé, c'était le nouveau fléau de cette époque. Les habitudes post Coronagate étaient hélas restées. La moindre maladie pouvait désormais être mortelle. Un simple rhume pouvait, par exemple, vous emmener tout droit aux « soins intensifs ». Celui-ci avait d'ailleurs été déclaré pandémique par l'OMS. Des dizaines de milliers de gens en étaient morts ces dernières années, principalement parmi la jeune génération devenue depuis lors une population dite « à risque », une population qu'il fallait protéger à tout prix.

Erik était perplexe. Les choses ne pouvaient bien entendu qu'empirer, puisqu'ils ne semblaient pas se rendre compte que la surenchère de la protection était justement la cause principale du problème... Comment ne pouvaient-ils pas avoir vu une telle évidence ? Ces experts de tous bords, ils n'ont rien vu venir ! Comment était-ce possible ? Ou alors n'avaient-ils rien *voulu* voir venir ? Serait-il possible que les puissants groupes pharmaceutiques y soient pour quelque chose ? Ils avaient tout intérêt à ce que les gens achètent leurs produits. Mais de là à imaginer qu'ils soient responsables, il y avait une marge. Sans doute avaient-ils simplement profité de l'opportunité qui se présentait pour enfoncer le clou encore un petit peu plus. C'était une hypothèse pertinente, se dit-il. Il secoua la tête à nouveau et poussa un soupir de résignation. L'excès d'hygiène tuait tous les anticorps et n'ayant plus d'anticorps, les gens devaient se protéger encore plus... c'était un simple effet boule de neige. Une logique que, pourtant, la majorité de la population ne voyait pas. Mais il était trop tard à présent, plus personne ne voulait prendre le moindre risque, alors ils en avaient rajouté une couche. La surenchère, c'était vraiment ce qui caractérisait l'humanité en ce début de millénaire, se dit-il. La surenchère médiatique, la surenchère sécuritaire, la surenchère de la peur et puis la surenchère médicale... dont l'industrie pharmaceutique tirait des bénéfices colossaux. Une industrie dont près de 80 % des compagnies du secteur dans le monde étaient désormais sous contrôle de capitaux chinois. Chinois dont le Régime contrôlait à présent officieusement la quasi-totalité de l'économie mondiale... Erik eut un rictus. Lui, « parano ? », se dit-il. Avait-il raison, avait-il tort, il ne pouvait rien y faire de toute façon. Ce n'était pas le combat de David contre Goliath, mais plutôt d'une fourmi contre un tsunami !

Il alla s'affaler dans le fauteuil pour terminer de siroter son Irish Coffee « matinal ».

« Quelle vie de cons », soupira-t-il.

Le ciel était bleu, le soleil brillait de mille feux et, hormis quelques feuilles, brindilles et détritus qui traînaient encore ci et là, c'était comme si la tempête de la veille n'avait pas eu lieu. Le « danger » était donc terminé et la « Loi Confinement » avait été levée. Tête baissée, Erik marchait – avec des pieds de plomb – dans la rue en direction de son lieu de travail. Il n'était pas du tout motivé, mais il n'avait pas vraiment le choix. Il fallait *survivre*, car *vivre* n'était plus tout à fait le mot adéquat, selon lui. Tout autour de lui, beaucoup de gens portaient encore le fameux « masque », ce masque de protection sanitaire tant chéri par certains. Et voir leur tête de zombies masqués lui était insupportable, on aurait dit qu'ils avaient une muselière voire même un caleçon sur leur « gueule » ! Et il préférait encore baisser les yeux plutôt que de croiser leur regard de pantins apeurés. Les choses n'avaient pas changé, elles ne changeraient jamais, soupira-t-il avec lassitude. L'épidémie de rhume qui avait touché le monde deux mois auparavant était pourtant terminée et l'obligation du port du masque avait été elle aussi levée, et ce depuis une bonne semaine déjà. Pourtant, les gens continuaient à appliquer les règles comme une forme d'excès de zèle inconscient et ceci avec une docilité aussi fascinante qu'effrayante. Comme si quelque chose de grave risquait d'arriver à tout instant. Comme si le monde allait s'écrouler s'ils n'obéissaient pas.

Le monde risquait bien de s'écrouler, d'une certaine façon, se dit Erik. Et tous ces gens fonçaient tête baissée droit dans le mur. Les périodes d'épidémies restaient encore bien vives dans tous les esprits, alors par simple précaution, beaucoup de gens préféraient trop de protection que pas assez... Les morts du « S.O.M. » ne semblaient pas les préoccuper plus que ça. Une nouvelle forme de névrose était en effet née des suites du Coronagate : le « Syndrome Obsessionnel du Masque » ou « S.O.M. ». Ces gens avaient tellement peur d'attraper la maladie qu'ils en portaient un masque vingt-quatre heures sur vingt-quatre en dépit de tout bon sens et surtout en dépit de leur propre santé. C'était une forme avancée de nosophobie qui pouvait être fatale si elle n'était pas « soignée » correctement : les victimes mourraient généralement d'asphyxie par une inhalation excessive de leur propre $CO_2$. Le monde dans lequel vivait Erik n'était décidément plus le monde qu'il avait connu, il se sentait comme sur une autre planète, comme un étranger dans un genre d'univers parallèle. Pour lui, tous ces gens ressemblaient à des zombies, des fantômes, des créatures complètement déshumanisées et démantibulées de l'intérieur. Les rues n'étaient plus qu'un amas de ces zombies qui déambulaient lamentablement vers leur lieu de travail tels de pitoyables automates. Le monde était devenu terne et austère, les bâtiments ressemblaient à des meubles préfabriqués, sans âme, sans vie, tous identiques comme dans l'une de ces dictatures communistes d'antan. Il n'y avait même plus de voitures pour mettre un petit peu d'ambiance ! Ils étaient tous là, en rang, comme de bons soldats obéissant au doigt et à l'œil d'une société qui tantôt les effrayait, tantôt les rassurait. Et lui ? Lui, il en faisait partie, hélas… Il n'avait pas le choix. Quel triste monde, se dit-il. Ce n'était décidément pas le monde auquel il avait rêvé.

Il arriva à proximité d'un parc, ce même parc qu'il longeait chaque jour sur son chemin quand il allait travailler. Généralement, il se contentait de passer à côté sans s'y attarder, mais aujourd'hui, il avait envie de s'arrêter quelques instants. Au diable son boulot, il aurait cinq minutes de retard et puis tant pis ! Il avait besoin de se ressourcer un petit peu, les dernières semaines, et même les derniers mois, avaient été fort pénibles, les périodes de confinement s'étaient succédées à une allure vertigineuse…

Il alluma une cigarette et s'assit sur un banc. Devant lui, cette étendue d'eau lui semblait si paisible, les canards s'adonnaient à leurs occupations habituelles de façon tellement insouciante qu'il en était presque jaloux. Jaloux des canards, se dit-il. Jusqu'où en était-on arrivé pour réaliser qu'on devenait ainsi jaloux de canards !? Pour eux, rien n'avait changé. Pour les oiseaux non plus, d'ailleurs, si ce n'était que ni eux ni les canards ne recevaient désormais plus à manger de la part des humains. Ils devaient se débrouiller tous seuls, car la distribution de pain avait elle aussi été interdite sous peine d'une amende, une fois de plus. Et vous n'aviez pas intérêt à tenter le coup, les caméras et les drones étaient là pour vous le rappeler. Il y avait même la surveillance satellite en cas de nécessité. Eh oui, le monde en était arrivé à ce point, se dit Erik.

À cet instant, il eut une irrépressible envie de se tirer une balle dans la tête.

Quel était donc l'intérêt de continuer à vivre ainsi ? se demanda-t-il. Quelle perspective d'avenir avait-il donc ? Ils n'étaient tous plus que des pions, les pantins d'un système qui était en train de les broyer jusqu'à la moelle. Les pantins d'un système lui-même esclave de l'inconscient collectif. Tout était interdit et il se dit qu'ils feraient sans doute mieux de faire une liste de ce qui était permis plutôt que de cumuler les interdictions et les lois à n'en plus finir. Interdictions et obligations, il n'y avait décidément plus que ça dans leur bouche à tous, ces misérables représentants de la sacro-sainte « Loi ». De toute manière, fallait-il encore qu'il puisse se procurer une arme. Et il réalisa alors à quel point il était pitoyable. Quel piètre « révolutionnaire » faisait-il…

Il regarda encore une fois les canards patauger dans l'eau et les oiseaux voler dans le ciel.

*Le silence.*

Il dut admettre que le bannissement de l'automobile rendait la ville beaucoup plus calme. Calme, certes ! Mais c'était tellement calme que ça en devenait presque sinistre. Malgré la foule, les joueurs de guitare, les vendeurs de légumes « bios » et les bruits de klaxons de vélos, il manquait quelque chose. C'était insipide. Cette ville était devenue totalement insipide et austère. Il ne reconnaissait plus la ville de son enfance. C'était un mode de vie, une habitude à prendre, disaient les gens. Mais lui, cette habitude, il n'y arrivait pas, il ne s'y faisait pas. Rien à faire, cette ville le déprimait.

Une dame passa alors avec son chien.

— Monsieur, il est strictement interdit de fumer dans le parc, dit-elle. Je vais en notifier le Réseau.

— OK, ça va, ça va, je vais l'éteindre, pas de panique, je n'avais pas fait gaffe, répondit Erik.

— C'est bon pour cette fois, mais que je ne vous y reprenne plus ! Sinon, j'appelle le drone.

— Très bien, très bien, j'ai compris, bonne journée.

— Je vous ai à l'œil.

— Oui, oui, ça marche.

Et voilà, la liberté de l'un s'arrêtait là où commençait celle de l'autre. Les interdits, encore un. Un de plus.

Il se leva, il avait déjà suffisamment traînaillé comme ça et la réflexion de cette dame lui avait vraiment coupé l'envie de rester. Qui plus est, il ne fallait tout de même pas qu'il arrive avec un retard excessif. Les pénalités de salaire pour retard étaient monnaie courante dans les entreprises.

Tout ceci lui avait fait repenser à la voiture et à son bannissement des grandes villes, il n'y avait pas si longtemps que ça, quelques années seulement. C'était assez récent. Ça avait été une sacrée saga à l'époque, d'ailleurs ! Ce bannissement avait fait l'objet de nombreux débats sur la planète et il fallut plus de dix ans pour qu'il soit finalement effectif. À ce jour, l'automobile n'était encore bannie que dans certaines grandes villes du monde, mais le bannissement total était sur la table des négociations depuis de nombreuses années. L'Europe avait été la figure de proue de ce mouvement « vert » qui fut comme une déferlante. Comme mode de transport, vous aviez donc désormais des alternatives comme le vélo, la trottinette et la toute dernière invention en date : la poussette électrique ! Si vous vouliez vous déplacer avec quelqu'un, c'était l'idéal. Les poussettes électriques étaient en effet le nouveau mode de déplacement tendance. Pendant que l'une des deux personnes pilotait l'engin à l'arrière, la seconde pouvait ainsi se relaxer dans un siège et en profiter pour notamment surfer sur le « Réseau ». C'était d'ailleurs le « Taxi 2.0 », comme ils disaient. Étant donné que la voiture avait été bannie, les *taximen* avaient dû trouver une alternative. La poussette électrique fut le choix le plus logique. Les *taximen* avaient d'ailleurs pris part à son développement, ça avait fait partie des négociations – houleuses – qui eurent lieu à l'époque. Et désormais, elle faisait partie du paysage comme la trottinette électrique à son époque.

Erik repensa alors à son idée de rébellion. Il se dit que si personne n'agissait, le monde allait finir par devenir invivable. Il s'arrêta net. Invivable ? Il l'était déjà ! Mais est-ce que ça pouvait réellement être pire ? Que faire… Il se remit en route et se souvint alors de la situation dans le monde tout juste cent ans auparavant. Cela faisait tout juste cent ans que la Deuxième Guerre mondiale avait éclaté et que l'Europe était tombée sous l'occupation nazie. Curieusement, les médias n'en parlaient pas énormément. C'était pourtant les cent ans du début de la Deuxième Guerre mondiale, que diable ! « Bordel », lâcha-t-il sous le regard abasourdi des gens autour de lui. Les gens à l'époque ne restaient pas les bras croisés comme aujourd'hui ! Il y avait la Résistance ! Il y avait un tas de choses. Et aujourd'hui, RIEN, le néant ! Seulement voilà, si on excluait les « collabos » qui se dissimulaient parmi la population, à l'époque, il y avait un ennemi bien défini, une cible sur laquelle focaliser sa « haine ». Alors qu'aujourd'hui, le fascisme était venu de l'intérieur. Il n'y avait pas un « ennemi » commun devant qui faire front. Tout le monde pouvait ainsi être « l'ennemi ». C'était un « ennemi de l'intérieur », sournois, caché, insaisissable. En ce temps-là, certains taguaient même des « V » en signe de victoire et de rassemblement pour lutter contre les nazis, mais aujourd'hui, la surveillance était tellement omniprésente que ça rendait toute action de ce type impossible. Les scanners de puce d'identification étaient partout, intégrés dans chaque caméra, sur chaque drone, à chaque coin de rue. Alors, si vous osiez commettre un acte de vandalisme, vous étiez identifié et localisé en moins de temps qu'il ne fallait pour le dire, où que vous soyez.

« *Il faut bloquer la puce* », se dit-il. Voilà la solution. Rendre la puce indétectable ! Il souffla. Encore une idée utopique… Seuls des hackers de haut vol pourraient faire ça. De plus, ces caméras « intelligentes » pouvaient même détecter la température de chaque individu, les battements de leur cœur, analyser leurs mouvements et bien d'autres choses encore. Même sans puce, ils étaient capables d'identifier une personne grâce à ce type de signature corporelle unique… Un frisson lui parcourut tout le corps. Bientôt, ils finiront bien par détecter si vous avez des pensées « illégales », se dit-il. Il serra les poings, l'adrénaline commença à lui monter à la tête, mais il se calma lorsqu'un drone s'approcha. Sa température corporelle avait dû grimper et toute variation de température était considérée comme suspecte aux yeux de la Police 2.0. Il ne fallait surtout pas attirer l'attention… Le drone passa sans s'arrêter et il éprouva un certain soulagement.

Les quelques nuages qui s'étaient formés dans le ciel caressaient délicatement de leur ombre maussade une foule qui commençait progressivement à se dissiper. Les couleurs chatoyantes du soleil avaient laissé place à un gris aussi terne que la couleur des bâtiments et une légère brise commençait à se faire ressentir. Cela faisait vingt minutes qu'Erik marchait dans les rues de la ville en direction de son lieu de travail. Il remarqua qu'outre les gens masqués, il y avait de plus en plus de gens connectés au réseau 6H. Ce fameux réseau dont tout le monde parlait était la toute dernière innovation en matière de connectivité pour se rendre sur ce qu'on appelait désormais tout simplement « Le Réseau ». Le terme « Internet » avait été déprécié et relégué aux oubliettes il y avait quelques années déjà. Internet, c'était « *le réseau de papy* », disaient d'ailleurs les plus jeunes. Ce réseau 6H – pour « Hyper » Network, 6$^{ème}$ génération – était donc une toute nouvelle technologie révolutionnaire. C'était même une « biotechnologie », car elle interagissait directement avec votre nerf optique via une interface rétinienne. Tout le monde n'y avait pas encore accès cependant, car le prix d'une telle technologie coûtait extrêmement cher. Il fallait aussi que votre puce d'identification soit compatible avec la technologie, ce qui était encore loin d'être le cas pour tout le monde. Elle devait donc être mise à jour avec une version plus moderne et plus sophistiquée et pour cela, une intervention chirurgicale était indispensable. C'était fort intrusif et les gens n'étaient malgré tout pas encore suffisamment habitués. Il leur faudrait plus de temps pour se faire à l'idée. Mais ça allait venir, se dit Erik. Le matraquage médiatique autour de cette technologie était omniprésent dans la société, il était impossible d'y échapper. Tout comme il l'avait été lors du lancement de la puce d'identification présentée comme étant « révolutionnaire » à son époque…

Bijou de technologie, cette puce électronique d'identification avait été introduite petit à petit dans la société, et même déjà avant les évènements du Coronagate. Mais la situation de l'époque avait fortement accéléré sa mise en place généralisée. C'était très pratique pour éviter tous les contacts physiques jugés « risqués », avaient vanté leurs concepteurs. Au début, elle avait été simplement conseillée pour notamment permettre de tracer les gens « malades ». Mais petit à petit, l'habitude fut prise jusqu'à en devenir obligatoire pour l'ensemble de la population. Bien entendu, ils avaient tous chanté en chœur que jamais, ô grand jamais, cette puce ne serait imposée à qui que ce soit. La réalité fut tout autre. Et il n'y eut que très peu de résistance, car l'habitude avait été prise et vous ne pouviez plus faire grand-chose sans elle de toute façon. Tout avait été adapté pour les puces et ceux qui n'en avaient pas étaient presque devenus des parias, des gens qui refusaient « le monde en marche », qui refusaient « d'évoluer » ou qui « vivaient dans le passé », des « Daddy's Landers », comme le disait la jeune génération, des gens du « Pays à Papa » ! Des ringards. Les quelques réfractaires furent ainsi implantés de force et reconditionnés pour motif de « rébellion ». Et Erik avait hélas dû céder sous la pression tant gouvernementale que de la part de ses proches. C'était bien et très pratique, disaient-ils tous… Pourquoi refuser le progrès ? Les contestataires étaient même traités de marginaux, d'obscurantistes, « d'anti-science », d'extrémistes ou de complotistes. Tout avait été fait pour les dénigrer et mettre en avant les bienfaits d'une telle technologie. Les qualificatifs méprisants foisonnaient dans la bouche des aficionados de la puce. De toute façon, c'était ça ou l'implantation de force avec reconditionnement.

Quant au réseau 6H, c'était la toute dernière tendance, mais il faisait encore malgré tout débat. Vous aviez ainsi deux puces dans le corps, ce qu'on appelait un « système à 2 facteurs » : la puce classique obligatoire d'identification dans le bras et puis une puce dans le cerveau, insérée via le nez. Elles interagissaient entre elles et vous plaçaient une sorte d'écran devant les yeux, un écran composé exclusivement de stimuli optiques. L'écran n'était donc visible que de la personne « pucée » et, muni des gants spéciaux « connectés » indispensables, vous donniez donc l'impression de tapoter « dans le vide ». Ce réseau 6H était ainsi réellement « digital » ! Il fallait s'y habituer... Et un jour, il serait lui aussi obligatoire, ça ne faisait quasi aucun doute, fulmina Erik. Comme avec la puce d'identification, un jour les gens ne pourront sans doute plus rien faire sans, ils ne pourront plus s'en passer. Il en fut de même avec Internet, puis les smartphones. Une obligation « officieuse », en quelque sorte. Sauf qu'aujourd'hui, l'obligation n'avait plus rien d'officieuse, elle était bel et bien officielle ! En tout cas, en ce qui concernait la « simple » puce classique... Mais le reste suivrait, il en était certain.

Soudain, il dut s'arrêter : une femme et son compagnon bloquaient le trottoir devant lui. Leur poussette électrique à moitié sur le trottoir, ils étaient en train de se faire des « teethies ». Les teethies... C'était ce nouveau phénomène qui consistait à prendre des photos de ses dents pour ensuite les publier sur le Réseau. L'idée était de montrer l'expression des gens, leurs émotions, le sourire, la colère, etc. Comme beaucoup de gens étaient désormais masqués, il fallait donc faire preuve d'inventivité pour rendre la société un petit peu plus « humaine ». C'était en tout cas l'idée derrière le concept. Mais Erik commençait à en avoir marre de tout ça, marre du sans-gêne de tous ces « décérébrés », marre de ces « conneries ». Sa coupe était pleine, il fallait vraiment que lui ou quelqu'un fasse quelque chose, qu'il atomise ce monde de fous. Des « teethies », sérieusement ? se dit-il. Ce sera quoi la suite, des photos de leurs yeux ? De leurs amygdales ? ... de leur trou de balle ??

— Excusez-moi, dit-il poliment, pourriez-vous me laisser passer, s'il vous plaît ?

L'homme se retourna d'un air incrédule.

— C'est quoi ton problème, citoyen ? Tu vois pas qu'on est en train de teether, là ? Tu nous laisses teether ou on t'impacte, OK ?

— Oh là, faut vous calmer ! Laissez-moi juste passer, c'est tout. Continuez votre truc comme vous le sentez, mais laissez-moi juste passer, s'il vous plaît.

— Non, mais pour qui il se prend ce subversif, là ? Sois careful ou on te délate au drone ! On va pas se laisser impactationer comme ça ! Non, mais pour qui il se croit ?!

Voilà l'humanité « 2.0 » … Erik avait toujours du mal avec toutes ces nouvelles expressions qui apparaissaient et disparaissaient sans crier gare. Des expressions qui n'avaient plus aucun sens, selon lui. Il appelait d'ailleurs ça la « novlangue », en référence au célèbre roman de George Orwell, *1984*. C'était tout à fait ça, se dit-il. Depuis l'apparition d'Internet, le langage avait évolué avec une telle vitesse qu'il fallait s'accrocher pour arriver à suivre. Une vitesse « grand V », non pas avec un V comme « Victoire » ou « Vitesse », mais plutôt V comme « Vide de sens », comme « Vacuum », « Vacuité », « Void » … Et les gens ne suivant pas la tendance étaient bien évidemment mis dans la case « ringards ». C'était devenu une habitude. Cette humanité dégueulasse méritait vraiment de crever, se dit-il. Pourquoi se rebeller encore… pour sauver « ça » d'eux-mêmes ? Quel était le but, en fin de compte ? Comme l'avait dit Goethe, « *Nul n'est plus esclave que celui qui se croit libre sans l'être* » ou encore comme aurait dit Harriet Tubman d'après certaines sources : « *Si j'avais convaincu plus d'esclaves qu'ils étaient bien des esclaves, j'aurais pu en sauver des milliers d'autres.* » Mais là, ils semblaient irrécupérables…

Et, malgré les demandes insistantes d'Erik, l'homme continuait pourtant à grimacer avec ses dents en tenant la paume de sa main bien en face de sa bouche, sans se soucier le moins du monde des gens autour de lui. Erik, quant à lui, grimaçait aussi, mais plutôt de voir ces énergumènes gesticuler ainsi. Si le ridicule tuait, pensa-t-il, il y aurait décidément beaucoup de morts ces temps-ci. Mais il se sentait résigné. Le ridicule était devenu « *in* »… Et si l'homme gesticulait ainsi, c'était parce que les gants connectés de son réseau 6H étaient pourvus d'une caméra située dans la paume de la main, c'était le nouveau geste pour faire des photos. Lever la paume de la main était donc dorénavant un geste rentré dans les mœurs. C'était « hype », comme disaient les gens. Mais Erik commença à s'énerver et décida de contourner ce couple « sans gêne »… par la droite, sous leur regard médusé.

— Ho Ho Ho, tu vas prendre cher, le subversif, dit l'homme.

— Ho Ho Ho, enchaîna la femme.

Erik ne répondit pas, mais dans la seconde, une sirène de police retentit. Un drone s'approcha et enclencha son haut-parleur, toujours avec cette voix robotique glaciale propre à ce type d'engins : « *Citoyen Erik Gottferdüm, vous venez de commettre une infraction au Code du Piéton. Vous serez notifié via le Réseau de l'amende encourue. Bonne journée. Soyez heureux.* »

— Putain d'enculés de merde, cria Erik.

Il se retourna et lança un regard tout aussi glaçant à l'attention des deux énergumènes.

— Si je vous recroise un jour, je vous le fais bouffer, votre gant de merde !

— Ho Ho Ho, cria l'homme. Le Daddy's Lander s'est fait impacter, Ho Ho Ho, rajouta-t-il la main droite en l'air devant son visage.

Bien entendu, il avait tout filmé…

— T'as pas intérêt à publier ça sur ton sale réseau de merde ou je porte plainte, cria Erik.

— Trop tard, Ho Ho Ho.

Erik serra le poing, l'adrénaline commençait à lui monter à la tête, mais il se calma. Il était inutile d'en rajouter une couche, ces deux-là n'en valaient pas la peine. Il se retourna et leur fit un doigt d'honneur avant de reprendre son chemin.

— Ho Ho Ho, Daddy's Lander, Ho Ho Ho, entendit-il dans son dos.

Erik essaya de se calmer. Mais à cet instant, tout ce qu'il avait en tête n'était plus de « sauver ce monde », mais plutôt de l'atomiser. Si c'était ça, l'avenir de l'humanité, il lui ferait une faveur en la réduisant en cendres, pensa-t-il.

« *Maudit Code du Piéton !* »

Le « Code du Piéton » fonctionnait comme l'ancien Code de la Route. Ses bases avaient été établies durant la toute première période de confinement, l'originale, celle du Coronagate. Vous aviez par exemple des « casse-vitesse » pour empêcher les gens de courir, des « bandes de circulation », des « ronds-points » et des règles diverses telles l'interdiction de « dépasser » un autre piéton par la droite, comme venait de le faire Erik. Dépasser par la droite était en fait considéré comme dangereux par la police 2.0. Erik n'en avait jamais réellement compris le sens, mais les gens semblaient trouver ça bien… Ils avaient même trouvé tout un tas de raisons pour justifier cet article de loi pénale. La plupart des gens avaient leur « Terminal Réseau » dans la main droite, que ce soit le gant connecté ou des modèles inférieurs, alors leur coude pouvait dépasser et rentrer en « collision » avec le piéton qui passerait par la droite. Les conséquences pouvaient être catastrophiques si vous faisiez une opération délicate sur le Réseau. C'était l'une des explications avancées, en tout cas. Il y en avait encore d'autres, mais peu importe, selon Erik, elles ne tenaient pas la route. Quant aux « casse-vitesse », ils avaient été installés dans le but de provoquer un inconfort, ceci afin d'empêcher les gens de courir, pour leur propre sécurité et leur propre bien-être. Les gens stressés couraient tout le temps et ça pouvait donc provoquer des « accidents ». Le concept d'excès de vitesse était bien entendu aussi d'application dans le Code du Piéton…

La journée commençait bien…

Erik venait de s'asseoir à la table de la cantine de son travail. Autour de lui, une foule grandissante faisait la queue devant les terminaux du self-service dont les employés – principe de précaution oblige – étaient « *bien entendu* » tous masqués. Les odeurs de nourriture bon marché se mélangeaient allègrement les unes aux autres et n'étaient pas vraiment ce qu'on pouvait appeler « appétissantes ». Mais il était midi et il était bien content de pouvoir faire une pause. Ses journées de travail lui semblaient tellement interminables et rébarbatives que la pause de midi lui était perçue quasi comme une sorte de « délivrance ». Avec sa sempiternelle routine, il avait vraiment l'impression de n'être que l'un de ces automates qu'il méprisait tant. Mais avait-il réellement le choix ? La réponse était hélas évidente. Bien que le revenu universel ait finalement été adopté, il était extrêmement peu élevé et ne permettait pas réellement de vivre décemment. Or, il voulait tout de même avoir un quotidien un petit peu plus digne que le minimum vital qu'on lui proposait. C'est pourquoi il avait choisi un travail à mi-temps. Mais même avec deux jours et demi par semaine, ce travail lui pesait énormément sur le moral. Et comme il avait eu la malchance de voir son métier disparaître suite à la déferlante du « numérique », ses compétences ne servaient hélas plus à rien dans la société actuelle. Alors, en dépit de ses réticences, il dut malgré lui prendre le premier boulot qu'il avait pu trouver, même si c'était très peu valorisant.

Il regarda son assiette avec un certain dédain, pour ne pas dire un dédain certain. Ce qu'ils offraient à la cantine n'était pas à proprement parler ce qu'on pouvait qualifier de très motivant à manger et il se dit qu'il allait vraiment falloir qu'il se décide enfin à apporter son propre casse-croûte. Les cantines n'avaient jamais servi de choses très ragoûtantes, même avant le Coronagate, mais là, le niveau avait tellement baissé qu'il semblait plus bas encore que le niveau de l'océan ! Et comme avec beaucoup de choses ces dernières années, la viande avait elle aussi été bannie de toutes les cantines… Ainsi, le régime « vegan » était désormais le régime recommandé par toutes les institutions, privées comme publiques. Cela résolvait beaucoup de choses, puisqu'il ne fallait plus se préoccuper des divers interdits, comme les interdits religieux dus à la consommation de certains types de viande, ou les interdits relatifs à certains types de régimes alimentaires. Un prêtre, un rabbin et un imam bénissaient donc le bâtiment de l'entreprise du service traiteur et le tour était joué. Vu que tel ou tel groupe refusait tel ou tel type de nourriture, on éliminait ainsi les éléments « problématiques ». Simple et efficace. Les autres n'avaient qu'à s'adapter ! C'était ce qu'on appelait « le vivre ensemble ». Les gens ne cessaient de le répéter, il fallait savoir « évoluer » et vivre avec son temps ! Sans quoi, vous subissiez le courroux officieux de cette société formatée à l'extrême. Et comme si ce n'était pas encore assez, tout était également « sans gluten ». Dès lors, les nombreuses carences dues à ce régime strict étaient compensées par des gélules fabriquées par les laboratoires pharmaceutiques. Présentées sous forme ludique, ces gélules se mangeaient un petit peu de toutes sortes de façons différentes : soit comme dessert, soit comme encas, et même comme apéritif. Il y en avait de toutes les sortes et pour tous les goûts. C'étaient des compléments alimentaires indispensables et c'était devenu un véritable business.

Erik repoussa son assiette. Rien que de repenser à l'évolution du monde, il n'avait plus faim. « Évolution », ce mot était tout relatif ! « Régression » aurait été plus adéquat, selon lui. Mais quoi qu'il en soit, il ne pouvait pas refaire le monde. D'un geste du doigt, il alluma son Terminal Réseau, son « TR », comme on disait. Situé sur sa montre « connectée », c'était le cœur même de tout appareil connecté au Réseau de type « H ». Mais lui, il n'avait pas de 6H, il en était resté au « vieux » réseau 4H, déjà considéré comme « vintage » par la masse populaire. Et contrairement au 6H qui fonctionnait avec des capteurs biométriques, ce réseau « dépassé » fonctionnait avec une sorte d'autocollant faisant office d'écran qu'il collait sur le dos de sa main. Bien qu'obsolète – le « 5H » étant encore à l'heure actuelle le réseau le plus courant – il y avait tout de même encore beaucoup de gens qui étaient restés au 4H comme lui. Pour les utilisateurs du 6H, ce TR était aussi une sécurité indispensable en cas de problème, même si la plupart des utilisateurs laissaient leur puce activée vingt-quatre heures sur vingt-quatre et sept jours sur sept. Certains rangeaient même leur montre dans un tiroir sans jamais y toucher… D'après les scientifiques, il n'y avait aucun danger. Quant aux vieilles séries « G », elles avaient été reléguées aux oubliettes depuis une bonne dizaine d'années déjà. La « 8G » avait été la toute dernière, mais sa durée de vie fut extrêmement éphémère suite à divers scandales. C'était d'ailleurs suite à ça que le réseau H était né.

Il but une gorgée de son jus de quinoa aux amandes. Il aurait bien pris une bière, mais encore une fois, l'alcool avait été banni des cantines, alors il dut se rabattre sur l'une des alternatives proposées. Le goût n'était pas génial, mais l'amende qu'il avait eue quelques heures plus tôt lui restait encore plus en travers de la gorge. Et, malgré l'incident avec les zouaves qui en avaient été la cause, il était plus déterminé que jamais à mettre tout en œuvre pour faire tomber ces ordures. Comment avaient-ils osé le racketter ainsi pour avoir simplement marché à droite de quelqu'un ? Il avait vraiment la rage. Une amende pour être passé à droite de quelqu'un ! répéta-t-il en boucle dans sa tête. Sérieusement, où allait ce monde ? Et en plus, le montant était même prélevé immédiatement à la source, sur son compte en banque. Ils avaient le droit, la loi était passée et il ne pouvait même pas contester ! Pourtant, il ne devait pas être le seul à en avoir marre de tout ça, il ne pouvait pas être le seul à être « éveillé », se dit-il. Si lui, il avait gardé « toute sa tête », d'autres devaient être comme lui. Il n'était pas exceptionnel, alors d'autres devaient penser pareil, il fallait juste les trouver. Et les trouver si possible sans attirer l'attention des « fascistes », ce qui n'était pas une mince affaire. Les algorithmes des différents services de recherche en ligne étant extrêmement perfectionnés, l'association de certains mots pouvait alerter les autorités en un instant… Il fallait donc faire preuve d'ingéniosité !

Il prit son verre et, au moment où il voulut y verser discrètement une dose de whisky, il eut une impression étrange, comme une sorte de malaise. Quelque chose n'allait pas. Il sentit alors une certaine tension dans la salle : des vibrations, une agitation et un brouhaha inhabituels. Et sans crier gare, les gens commencèrent à se lever, à courir dans tous les sens et à jacasser à tout va. Une femme passa en trombe à côté de lui. Puis une autre…

— Mais qu'est-ce qui se passe ? demanda-t-il.

— Vous n'avez pas obtenu la maj (ndlr : « mise à jour ») ?

— Hein ? De quoi est-ce que vous parlez ?

— Vous vivez trop sur une autre planète ou quoi ? Des bioterroristes apparentés au groupe terroriste Flat Earth Supremacy ont répandu le Covid-40, hurla-t-elle, paniquée. La Loi Confinement vient d'être décrétée pour minimum trois mois !

— Hein ?! Merde alors !

— Je vous conseille de vous dépêcher de rentrer chez vous avant de vous faire impacter, cria-t-elle en courant vers la sortie.

La machine à confinement était désormais bien huilée et les rouages du protocole fonctionnaient comme « une lettre à la poste ». « *Une lettre à la poste* », s'esclaffa-t-il tout seul. Même si le courrier d'antan n'existait plus, l'expression était curieusement restée. « Ah, le bon vieux courrier », se souvint-il. Aujourd'hui, sans le Réseau, vous n'existiez tout simplement plus. Quelle tristesse…

Rêvassant de nostalgie, une sirène assourdissante le fit sursauter. Ça faisait partie du protocole : elle se déclenchait pour ordonner un confinement d'urgence. Et comme à chaque fois, la voix robotique habituelle s'ensuivit… en boucle.

« *Alerte au confinement, rentrez chez vous immédiatement et suivez les instructions sur le Réseau. Toute infraction sera sanctionnée à partir de 20 heures ce soir. Bon confinement à toutes et à tous. Soyez heureux !* »

Et c'était reparti pour un tour, se dit-il… Et toujours avec ce même cynisme.

— Ouais, c'est ça, sois heureux toi aussi, Ducon ! cria-t-il aussi fort qu'il put.

Et c'est avec une certaine nonchalance qu'il se mit à manger cette mixture se trouvant dans son assiette. Mais après quelques bouchées, il laissa tomber et se leva.

— Ras le cul de ces conneries, cria-t-il en sortant sa petite fiole de whisky.

Sans se presser, il alla chercher ses affaires dans son bureau. Et, tout en faisant attention de ne pas se faire marcher dessus par cette horde de sauvages aussi enragée que paniquée, il sortit du bâtiment. Tant pis pour sa rébellion. De toute façon, c'était irréaliste, se dit-il. C'était couru d'avance. Si d'autres n'y étaient pas parvenus, ce n'était pas lui qui allait faire la différence. Il verrait ça une autre fois. Là, les choses allaient de nouveau devenir compliquées, s'emballer et partir dans tous les sens. La surveillance allait monter de plusieurs crans et ce serait ingérable. Si avec son projet il n'avait déjà pas beaucoup de chances de succès, désormais ce serait suicidaire de tenter quoi que ce soit. De plus, de toutes nouvelles mesures encore plus restrictives allaient sans doute également voir le jour…

— Tant pis, tant pis… de toute façon, je ne sais rien y faire, pensa-t-il. Il y aura bien un jour des gens pour leur faire payer cette infamie. Et à ce moment-là, je me joindrai à eux. Moi, je n'ai pas l'étoffe pour faire ça !

Et, sortant du bâtiment, il se dirigea à son aise vers son appartement. Inutile de courir, il n'en avait rien à faire de leurs histoires.

Erik Gottferdüm retourna ainsi dans le confort de sa vie inconfortable… Tout changement demandait de briser des barrières psychologiques qui pouvaient parfois sembler incassables. Et lui, il n'était pas prêt. Pas encore, du moins.

Et l'Histoire se répéta une fois de plus…

C'EST (CON) FINI !

# POSTFACE

À l'heure où je termine ce livre, nous sommes tous devenus des prisonniers en liberté conditionnelle. Certains sont même affublés d'une sorte de bracelet électronique virtuel : ceux qui ont été en contact avec M. Covid sont ainsi pistés d'une façon ou d'une autre. Soit harcelés au téléphone, soit pistés via leur smartphone s'ils ont eu le malheur d'installer ce petit programme appelé « StopCovid ». On nous impose aussi le bâillon dans de nombreux lieux, privés ou publics. Et si nous refusons, nous sommes poussés dehors ou pire, sanctionnés par la police du Régime.

On nous a aussi souvent servi le refrain selon lequel s'il n'y avait pas eu ce « con » « fini », il y aurait eu énormément plus de morts. Sur quoi se basent-ils donc pour affirmer une telle chose ? Les pays n'ayant pas pratiqué ce système dictatorial et qui, eux, ont respecté leur population, ne comptent pourtant pas un pourcentage plus élevé de morts… Alors ? Non, ils ont foiré monumentalement et ils ont emmené la population mondiale dans leur chute inexorable. Un jour, ils devront en payer le prix. Le prix fort. À la démesure de leurs mesures démesurées !

Depuis que j'ai commencé à rédiger ce livre, la situation a quelque peu changé. J'étais seul, personne ne mettait en doute cette situation grotesque de surenchère de la terreur sanitaire. Pas un seul média n'avait un discours un tant soit peu critique de ces mesures. Pas un seul n'a eu, excusez-moi, les couilles de mettre en doute la sacro-sainte parole des « experts » du Régime, parole qui se contredisait chaque jour qui passait (un jour, les masques sont inutiles, le lendemain, ils sont obligatoires). Ils gobaient tout, ils avalaient tous tout ce qu'on leur avait fourré bien profondément dans la bouche. Excusez-moi pour l'image que vous avez à présent à l'esprit. Mais on s'est tous bien fait baiser ! Aujourd'hui, alors que je rédige les dernières lignes de ce livre, petit à petit, des gens commencent enfin à se réveiller de leur torpeur, et j'espère que ça va continuer.

Aux générations futures : non, nous n'étions pas tous des pantins lobotomisés, certains d'entre nous ont tenté d'ouvrir les yeux de ceux qui avaient le regard fermé, malgré le dénigrement, les insultes et les tentatives de mise au silence. Hélas, nous sommes toujours traqués par la police de la pensée, accusés d'être « dangereux » dans le but de nous faire taire. Ce livre sera probablement censuré sur de nombreuses plateformes et dans de nombreux endroits, car il va à l'encontre de la Pensée Réglementaire tant chérie par la majorité de la population.

Ceci n'est que mon témoignage, un témoignage en immersion sous la dictature sanitaire de 2020. En espérant que cette folie ne se reproduise plus jamais.

Alors…

**Bas les masques :**
**Ne laissez plus jamais votre conditionnement se mettre en travers de votre bon sens !**

# TABLE

# Drôles de pages

Collection dirigée par Yoann Laurent-Rouault

Chroniques, récits, journaux, témoignages, carnets de bords, expériences en tous genres, loufoqueries et billevesées. Théâtre et roman. Nouvelles. Poésie. L'élixir et aussi le flacon. Tout y est possible.
Une seule condition d'admission : l'humour et la réflexion doivent s'unir pour le meilleur et non pour le pire.
Cette collection est effectivement un agglomérat de drôles de pages, servez-vous et dégustez chaud !